ESSAI

DE GRAMMAIRE

FRANÇAISE.

ESSAI

DE GRAMMAIRE

FRANÇAISE

EN TABLEAUX,

PAR CHARLES CORNILLAC.

Donner de la couleur et du corps aux pensées.
BRÉBEUF.

CHATILLON-SUR-SEINE,
(CÔTE-D'OR)
CHARLES CORNILLAC, IMPRIMEUR-LIBRAIRE.

1833.

AVERTISSEMENT.

Depuis deux siècles, la langue française s'est enrichie d'une foule de chefs-d'œuvre, qui en ont fixé le caractère et déterminé les formes. Tandis que de grands écrivains, de sublimes orateurs, des poëtes immortels, l'élevaient par leur génie au premier rang des idiômes modernes, d'habiles grammairiens en développaient les principes et le mécanisme, par les travaux difficiles, quoique moins glorieux, de la métaphysique et de l'analyse.

Despréaux, Racine, Pascal, Bossuet, Massillon, Montesquieu, Rousseau, Buffon, Voltaire, créaient, par leurs admirables productions, les modèles où Port-Royal, Dumarsais, Restaut, Wailly, Condillac, Beauzée, ont puisé les règles du langage.

Mais les ouvrages de ces derniers, précieux pour les esprits exercés qui veulent approfondir la grammaire, ne paraissent pas destinés à ouvrir les premières voies de cette science : pour la jeunesse, pour l'enfance surtout, ils sont trop chargés de détails et de raisonnements qui, à cet âge, fatiguent la mémoire sans éclairer l'intelligence.

Beaucoup d'auteurs, il est vrai, ont publié des *Eléments* dégagés de discussions scientifiques ; cependant l'opinion n'a pas jusqu'ici proclamé de succès éclatant en ce genre de composition : c'est qu'aucun de ces abrégés ne se recommande éminemment par l'exactitude et la simplicité des définitions, par la concision des règles, par l'heureux choix des exemples, par la clarté du style, par l'ordre et l'enchaînement des leçons ; c'est que dans aucun, peut-être, on ne s'est assez occupé d'adoucir la sévérité du sujet, par la forme de l'enseignement. Une méthode, qui présenterait ces avantages, serait aussi utile aux maîtres qu'aux élèves ; nous avons entrepris de les réunir dans l'essai que nous offrons au public sous le titre de *Grammaire en Tableaux.*

C'est par l'attention que l'esprit se porte vers les objets, qu'il les saisit, les observe, les distingue, et s'en forme des idées justes et vraies ; c'est par l'attention que s'exercent et se déploient toutes les facultés de l'entendement. Cette donnée, aussi simple que philosophique, indique assez que la meilleure Grammaire doit être celle qui fournit les plus sûrs moyens d'exciter et de soutenir l'attention des élèves.

Afin d'atteindre ce but dans la nôtre, nous nous sommes adressé aux yeux, pour pénétrer jusqu'à l'esprit par de vives impressions ; notre procédé est tracé dans ce vers d'un poëte français, que nous avons choisi pour épigraphe :

Donner de la couleur et du corps aux pensées.

L'idée de colorier les objets, pour en rendre l'impression plus forte et plus durable, n'est pas nouvelle ; mais nous espérons qu'on saura quelque gré de l'avoir appliquée, dans notre essai, aux notions fondamentales que l'élève ne doit jamais oublier. Cette différence n'est pas la seule qui distingue notre plan de celui des Grammaires connues ; les maîtres s'en convaincront aisément.

Nous avons adopté la division du discours en dix parties, parce qu'elle est claire et rend compte de tous les éléments du langage. Nous représentons cette division avec ses détails essentiels, à la tête de l'ouvrage, dans un tableau synoptique qui contient toute la substance de notre travail, et montre d'un coup d'œil à l'élève la carrière qu'il doit parcourir. Le maître aura soin de le lui remettre sous les yeux à la fin du cours, pour lui retracer toutes les matières de ses études. Ainsi ce tableau, après avoir servi d'introduction à notre Grammaire, en formera encore le résumé. Il nous fournit aussi l'ordre et le cadre de nos leçons.

Cet ordre amène au premier rang le *substantif,* mot principal de toute phrase ; et nous renfermons, dans quatre paragraphes, ce que nous avons à dire sur cette partie du discours.

La première leçon reproduit l'analyse qui, dans le tableau synoptique, se rapporte au substantif ; elle reparaît sous la même forme. Les yeux la reconnaîtront facilement, et la mémoire se la rappellera sans effort.

La deuxième leçon développe la définition du substantif, sa division en plusieurs classes, les modifications de genre et de nombre qui en varient la forme et en multiplient les applications. Chaque point est éclairci par des exemples simples et familiers ; chaque article se détache par la couleur qui le distingue dans le tableau de la première leçon ; et cette diversité d'images prévient la confusion des idées.

Les notions principales ainsi fixées, l'emploi des couleurs devient inutile pour les leçons suivantes.

La troisième porte l'attention de l'élève sur les diverses observations qui doivent compléter la théorie du substantif. Les explications et les remarques dont se compose cette leçon ne pourront paraître difficiles à celui qui aura bien compris les deux premières.

La quatrième offre, sous deux colonnes, des exercices variés sur les notions que renferment les leçons précédentes. Un sommaire placé en tête de ces exercices, avec des chiffres de renvoi qu'on retrouve en marge de la première colonne, a côté des exemples qui s'y rapportent, et l'emploi des caractères *italiques* pour indiquer, dans cette première colonne, les substantifs à expliquer, familiariseront promptement l'élève avec la pratique de toutes les règles; alors il pourra être abandonné à ses propres forces, pour en faire l'application aux exercices de la deuxième colonne dont chaque alinéa se rapporte au même objet et au même titre que l'alinéa correspondant de la première colonne.

C'est au maître à diriger l'emploi de ces exercices : il comprendra facilement qu'il ne doit faire passer l'élève à ceux de la deuxième colonne, que lorsque celui-ci ne sera plus arrêté par aucune difficulté sur les exemples de la première.

Au reste, au lieu d'épuiser cette première colonne avant d'exercer l'élève sur la deuxième, il pourra, après avoir parcouru le premier alinéa de la première colonne, passer au premier alinéa correspondant de la deuxième, puis revenir au deuxième alinéa dans les deux colonnes, et ainsi de suite alternativement jusqu'au dernier.

Ce que nous venons de dire sur le substantif nous dispense d'entrer dans aucun détail sur les autres parties du discours qui sont exposées successivement dans la même forme et soumises à la même analyse : tableau analytique, notions générales, définitions précises, exemples faciles, emploi des couleurs pour rendre l'impression de ces premières leçons plus profonde, explications et remarques où viennent se ranger les développements qu'exige le sujet, exercices qui mettent l'élève aux prises avec toutes les difficultés, et l'accoutument à en triompher : telle est la route que nous lui faisons suivre constamment pour le conduire, par une marche uniforme, à une connaissance solide et méthodique des éléments de la Grammaire.

On remarquera qu'à l'exception du verbe, chacun de ces éléments est traité dans deux pages en regard, de manière que tout ce qui concerne un même sujet se trouve réuni dans un seul cadre et peut être embrassé d'une seule vue. Cette disposition, aussi favorable au maître qu'à l'élève, place les exercices en face des principes et des règles, et met à la fois sous la main tout ce qui est nécessaire à l'enseignement et à l'étude.

Si l'étendue des explications que comporte le verbe n'a pas permis de les rassembler en un seul folio, nous sommes parvenus néanmoins à leur donner une distribution claire et systématique, en renfermant chaque leçon dans une seule colonne ou dans une seule page.

Quoique, pour ne pas morceler les sujets, nous ayons exposé de suite tout ce qui concerne chaque espèce de mots, nous pensons que le maître fera bien de diviser le cours en deux parties. Dans la première, il bornera l'enseignement aux leçons coloriées; dans la seconde, il reprendra les mêmes leçons et les fera suivre, sur chaque sujet, des *remarques* et des *exercices* qui le complètent. Nous lui conseillons aussi de tracer lui-même et de faire tracer par les élèves, soit au crayon sur la planche, soit à la plume sur le papier, les tableaux qui forment les premières leçons de chaque partie du discours. Ce procédé simplifiera singulièrement les explications et épargnera aux élèves beaucoup de travail.

Nous avons apporté le plus grand soin à n'admettre pour exemples, dans les *exercices*, que des phrases d'un style correct, et, autant qu'il nous a été possible, que des pensées et des maximes instructives ou morales. Si les maîtres croient devoir en proposer d'autres, ils ne devront pas s'écarter de cette règle.

Enfin nous les avertirons que dans toutes les leçons ils doivent commencer par exercer l'entendement des élèves, et qu'il ne faut confier à leur mémoire que des matières complètement expliquées et parfaitement comprises.

Bien que l'objet de notre travail ait été uniquement de développer les parties grammaticales du discours, nous avons cru devoir y joindre, par forme d'appendice, un précis des règles de la Ponctuation. Ce sujet a des rapports trop intimes avec celui que nous nous étions principalement proposé de traiter, pour être considéré comme un hors-d'œuvre.

C'est surtout dans les écoles où l'enseignement est mutuel ou simultané que notre Méthode doit obtenir les plus heureux succès; mais des témoignages flatteurs nous permettent d'espérer qu'elle s'adaptera aussi parfaitement à l'enseignement des collèges et à celui de toutes les institutions de demoiselles.

Si les maîtres de l'art encouragent nos efforts, si le public les accueille favorablement, nous pourrons un jour ajouter à cet Essai un supplément qui le rende plus digne de prendre rang parmi les livres utiles à l'éducation.

TABLEAU SYNOPTIQUE DE   LA GRAMMAIRE FRANÇAISE.

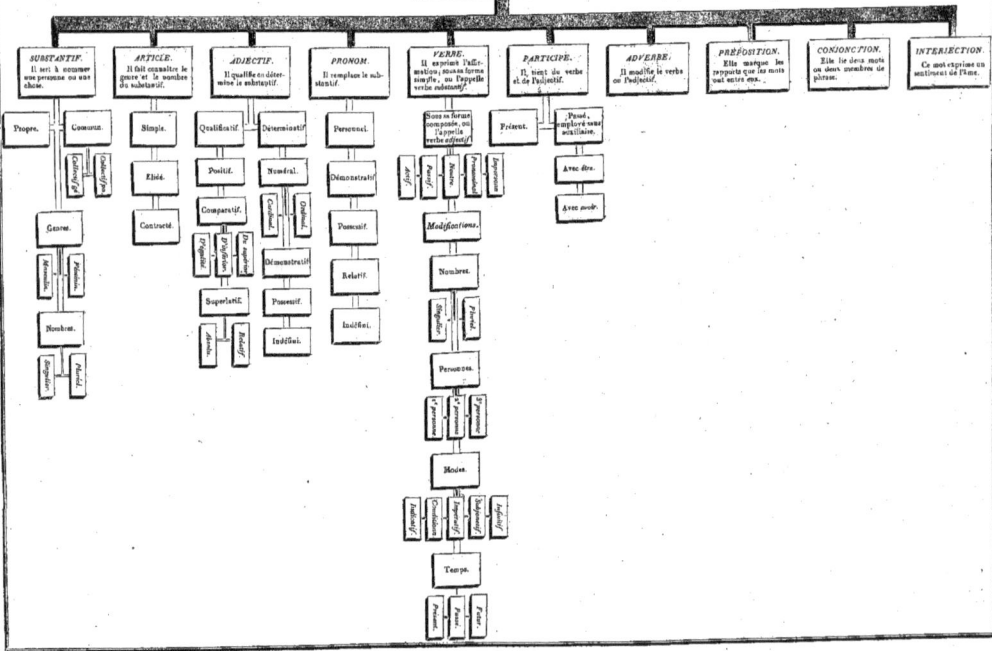

SUBSTANTIF.	ARTICLE.	ADJECTIF.	PRONOM.	VERBE.	PARTICIPE.	ADVERBE.	PRÉPOSITION.	CONJONCTION.	INTERJECTION.
Il sert à nommer une personne ou une chose.	Il fait connaître le genre et le nombre du substantif.	Il qualifie ou détermine le substantif.	Il remplace le substantif.	Il exprime l'affirmation; sous sa forme simple, ou l'appelle verbe substantif.	Il tient du verbe et de l'adjectif.	Il modifie le verbe ou l'adjectif.	Elle marque les rapports que les mots ont entre eux.	Elle lie deux mots ou deux membres de phrase.	Ce mot exprime un sentiment de l'âme.

SUBSTANTIF : Propre. — Commun. — Collectif / Collectif. — Genre. — Masculin / Féminin. — Nombre. — Singulier / Pluriel.

ARTICLE : Simple. — Élidé. — Contracté.

ADJECTIF : Qualificatif. — Positif. — Comparatif. — D'égalité / D'infériorité / De supériorité. — Superlatif. — Absolu / Relatif. — Déterminatif. — Numéral. — Cardinal / Ordinal. — Démonstratif. — Possessif. — Indéfini.

PRONOM : Personnel. — Démonstratif. — Possessif. — Relatif. — Indéfini.

VERBE : Sous sa forme composée, ou l'appelle verbe adjectif. — Actif / Passif / Neutre / Pronominal / Impersonnel. — Modifications. — Nombres. — Singulier / Pluriel. — Personnes. — 1re personne / 2e personne / 3e personne. — Modes. — Indicatif / Impératif / Conditionnel / Subjonctif / Infinitif. — Temps. — Présent / Passé / Futur.

PARTICIPE : Présent. — Passé, employé avec auxiliaire. — Avec être. — Avec avoir.

Iʳᵉ ESPÈCE DE MOTS. — SUBSTANTIF.

Iʳᵉ leçon. — TABLEAU ANALYTIQUE.

SUBSTANTIF.

Le *substantif* est un mot qui sert à nommer une personne ou une chose ; il y a deux espèces de substantifs.

Substantif propre.
Ce substantif est celui qui ne convient qu'à une seule personne ou à une seule chose.

Substantif commun.
Ce substantif est celui qui convient à plusieurs personnes ou à plusieurs choses de même espèce.

Le substantif *collectif général* est celui qui, quoiqu'au singulier, présente à l'idée une collection d'objets.

Le substantif *collectif partitif* est celui qui représente qu'une partie de la collection.

Genre.
Le genre marque la distinction des sexes ; il y en a deux :

Le *masculin*, pour les noms d'hommes et de mâles.

Le *féminin*, pour les noms de femmes et de femelles.

Nombre.
Le nombre marque l'unité ou la pluralité ; il y en a deux :

Le *singulier*, qui désigne une seule personne ou une seule chose.

Le *pluriel*, qui désigne plusieurs personnes ou plusieurs choses.

IIᵉ leçon. — DÉFINITIONS.

Le *SUBSTANTIF*, qu'on appelle aussi *nom*, est un mot qui sert, sans le secours d'aucun autre mot, à désigner un être ou un objet quelconque, existant ou idéal, comme *Pierre, Paul, table, feu, patience, douceur*.

Le substantif a deux propriétés, le *genre* et le *nombre*.

Il y a deux espèces de substantifs, le substantif *propre*, et le substantif *commun*.

SUBSTANTIF PROPRE. — Le substantif *propre* est celui qui ne convient qu'à une seule personne ou à une seule chose, comme *Charles, Philippe, Marseille, la Seine*, etc.

SUBSTANTIF COMMUN. — Le substantif *commun* est celui qui convient à plusieurs personnes ou à plusieurs choses de même espèce, comme *homme, cheval, maison, rivière, bouteille*.

Parmi les substantifs communs, on distingue les substantifs *collectifs*.

Les substantifs *collectifs* sont ceux qui, quoiqu'au singulier, représentent à l'esprit une collection de personnes ou de choses, comme *troupeau, armée, multitude*, etc.

Les substantifs collectifs se divisent en collectifs *généraux*, et en collectifs *partitifs*.

Le collectif *général* est celui qui représente une réunion de personnes ou d'objets, formant un tout, comme *flotte, peuple, procession*, etc.

Le collectif *partitif* est celui qui représente une réunion de personnes ou d'objets, faisant partie d'un tout, comme une *foule* de pauvres, *quantité* de chevaux.

GENRE. — Le *Genre* est la propriété qu'ont les substantifs de représenter la distinction des sexes. Il y a, en français, deux genres, le *masculin* et le *féminin*; le *masculin* appartient aux hommes et aux animaux mâles : un *homme*, un *lion*; le *féminin* appartient aux femmes et aux animaux femelles : une *femme*, une *lionne*.

Par imitation l'on a donné le genre masculin et le genre féminin à des choses inanimées ; ainsi *soleil, château*, ont été faits du genre masculin, et *lune, maison*, du genre féminin.

NOMBRE. — Le *Nombre* est la propriété qu'ont les substantifs de représenter l'unité ou la pluralité. Il y a par conséquent deux nombres, le *singulier* et le *pluriel*; le *singulier* ne désigne qu'un seul être ou un seul objet, comme un *enfant*, une *plume*; le *pluriel* en désigne plusieurs, comme des *enfants, des plumes*.

Il y a des substantifs qui ne s'emploient qu'au singulier, comme la *faim*, la *soif*, l'*humanité*, la *jeunesse*; d'autres ne s'emploient qu'au pluriel, comme *pleurs, ancêtres, funérailles, ténèbres*, etc.

Pour former le pluriel dans les substantifs, on ajoute un *s* au singulier : un *homme*, des *hommes*; une *table*, des *tables*.

Exceptions. — 1° Les substantifs terminés au singulier par *s*, *x*, *z*, s'écrivent de même au pluriel : le *fils*, les *fils*; la *voix*, les *voix*; le *nez*, les *nez*.

2° Les substantifs terminés au singulier par *au*, *eu*, prennent un *x* au pluriel : l'*ormeau*, les *ormeaux*; le *jeu*, les *jeux*. Six noms terminés en *ou* prennent également *x* au pluriel : les *cailloux*, les *choux*, les *genoux*, les *hiboux*, les *joujoux*, les *poux*; les autres noms en *ou* suivent la règle générale, c'est-à-dire prennent un *s* au pluriel.

3° La plupart des noms terminés au singulier par *al*, *ail*, font leur pluriel en *aux* : le *mal*, les *maux*; le *cheval*, les *chevaux*; le *travail*, les *travaux*.

IIIᵉ leçon. — REMARQUES.

I. Le substantif a trois fonctions dans le discours : il est employé en sujet, en régime ou en apostrophe.

1° Il est sujet, lorsqu'il désigne l'être ou l'objet qui fait ou qui souffre l'action exprimée par le verbe, ou de qui on affirme quelque chose : *Dieu créa le monde*; *l'homme vertueux supporte le mépris avec courage*. Dans la première phrase, *Dieu* est sujet parce qu'il fait l'action exprimée par le verbe, et dans la seconde, *homme* est aussi sujet parce qu'il souffre l'action exprimée par le verbe. — 2° Il est régime, lorsqu'il dépend d'un autre mot : *La vertu procure le bonheur*, bonheur est régime du verbe procurer; *le fruit de l'arbre*, arbre est régime de la préposition de parce qu'il dépend de ce mot. — 3° Il est en apostrophe, quand il est l'être ou l'objet auquel on adresse la parole : *Enfants, soyez attentifs*; *rois, juges le bonheur des peuples*; les substantifs *enfants* et *rois* sont en apostrophe, parce que c'est à eux que l'on adresse la parole.

II. Les substantifs n'ont ordinairement qu'un genre, néanmoins il y en a qui prennent les deux genres ; en voici quelques-uns :

Amour, délice et *orgue*, masculins au singulier, sont féminins au pluriel.

Aigle, en terme d'armoiries et de devises, est féminin ; et lorsqu'il désigne un oiseau, il est masculin.

Couple est du genre féminin, quand il marque seulement le nombre deux ; et il est du masculin quand il signifie deux personnes unies par le mariage, ou qu'il désigne le mâle et la femelle des animaux.

Enfant est masculin lorsqu'on parle d'un garçon, et féminin en parlant d'une fille.

Foudre, employé au figuré, est masculin ; et au féminin lorsqu'il désigne la matière enflammée qui sort de la nue avec éclat ; cependant, dans cette circonstance, il peut encore être des deux genres, s'il est accompagné d'un adjectif.

Gens veut au féminin tous les adjectifs qui le précèdent, et au masculin tous les adjectifs ou pronoms qui le suivent ; cependant il veut l'adjectif *tout* au masculin, soit que cet adjectif le précède immédiatement, soit qu'il s'en trouve séparé par un adjectif dont la terminaison est commune aux deux genres.

Hymne, qu'on chante à l'église, est féminin ; dans toute autre acception il est masculin.

III. Certains substantifs ne prennent pas la marque du pluriel, 1° les substantifs propres quand ils ne servent qu'à désigner les personnes ou les choses par leur nom : *les deux Racine, les Bossuet, les Buffon, les Crébillon*, ont écrit d'une manière admirable ; cependant les substantifs propres prennent la marque du pluriel quand ils sont employés comme substantifs communs : *la Bourgogne eut ses Césars*, ou *ses Plines*, c'est-à-dire *des hommes tels que César*, *tels que Pline*; 2° les substantifs empruntés des langues étrangères et qui ne sont pas encore francisés, des *alleluia, des quiproquos, des errata, des plano*; 3° les mots invariables de leur nature et qui ne sont employés qu'accidentellement comme substantifs, les *car*, les *si*, les *oui*, les *non*.

IV. Les mots, servant à former les *substantifs composés*, s'écrivent au singulier et au pluriel suivant la règle qui leur est particulière, c'est-à-dire que les substantifs et les adjectifs sont susceptibles de prendre la marque du pluriel, et que les verbes et les mots invariables de leur nature restent les mêmes ; ainsi : 1° Deux substantifs, formant un substantif composé, prennent tous deux la marque du pluriel : un *chef-lieu*, des *chefs-lieux*. — 2° Si les deux substantifs sont séparés par une préposition, le premier seul prend la marque du pluriel : un *chef-d'œuvre*, des *chefs-d'œuvre*. — 3° Le substantif et l'adjectif, formant un substantif composé, prennent tous deux la marque du pluriel : un *chat-huant*, des *chats-huants*. — 4° Quand le substantif est composé d'un substantif et d'un verbe, ou d'un mot invariable, le substantif seul prend la marque du pluriel : un *avant-coureur*, des *avant-coureurs*; un *passe-port*, des *passe-ports*; une *contre-danse*, des *contre-danses*. — 5° Quand le substantif n'est composé que de mots invariables, comme verbe, préposition, adverbe, il ne prend en aucune manière la marque du pluriel : des *pour-boire*, des *passe-partout*.

Les règles que nous venons de faire connaître sont également suivies par les substantifs composés, qui paraissent s'en écarter ; car, dans ces substantifs, il y a toujours un ou plusieurs mots sous-entendus qui font rentrer les exceptions dans la règle générale.

EXEMPLES : Un *hôtel-Dieu*, des *hôtels-Dieu* (des hôtels de Dieu) ; — un *blanc-seing*, des *blanc-seings* (des seings en blanc) ; — un *tête-à-tête*, des *tête-à-tête* (entrevues où l'on est seul à seul) ; — un *serre-tête*, des *serre-tête* (des bonnets qui serrent la tête) ; — un *essuie-mains*, des *essuie-mains* (ce qui essuie les mains).

IVe leçon. — **EXERCICES SUR LE SUBSTANTIF.**

---

¹ *Substantifs propres*, ² *communs*, ³ *collectifs généraux*, ⁴ *collectifs partitifs*. — ⁵ *Substantifs qui ne s'emploient qu'au singulier*, ⁶ *qui ne s'emploient qu'au pluriel*, ⁷ *qui ne prennent pas la marque du pluriel.* — ⁸ *Substantifs des deux genres*. — ⁹ *Substantifs composés formés de deux substantifs*, ¹⁰ *formés de deux substantifs unis par une préposition*, ¹¹ *formés d'un substantif et d'un adjectif*, ¹² *formés d'un substantif et d'un mot invariable*, ¹³ *formés de mots invariables*.

---

¹ *Corneille* et *Racine* possédaient, au plus haut degré, l'art d'émouvoir par la peinture des grandes passions. — Quelles leçons nous aurions perdues, si *Fénelon* ne s'était pas livré à l'étude de la sagesse ! — Qu'est-ce qu'*Alexandre*, *César*, *Pompée*, en comparaison de *Socrate* ? — Le règne de *Charlemagne* est un des plus glorieux qu'il y ait eu en *France*.

² La *nature* nous a fait un *besoin* du *travail*, l'*habitude* nous en fait un *plaisir*. — Le *climat* influe sur la *disposition* habituelle du *corps*, et par conséquent sur les *caractères* et sur le *langage*. — La bonne *conduite* du *père* et de la *mère* est un puissant *exemple* pour les *enfants*.

³ Le bien-être général d'un *peuple* le rend nécessairement meilleur. — Il est rare qu'une grande *assemblée* raisonne avec calme, et ne soit pas agitée par les partis. — L'empressement de montrer de l'esprit est le plus sûr moyen de n'en point avoir, et de paraître ridicule dans la *société*. — La *multitude* d'hommes qui environne les princes, est cause qu'il y en a peu qui fassent une impression profonde sur eux.

⁴ *Beaucoup* de personnes voudraient savoir, mais *peu* désirent apprendre. — Il est difficile de connaître les hommes; la *plupart*, comme les plantes, ont des vertus cachées que le hasard fait découvrir. — Ce que la *plupart* des hommes appellent grandeur, puissance, gloire, n'est réellement que misère et faiblesse. — En faisant tous les jours régulièrement un *peu*, on parvient à faire *beaucoup*.

⁵ Ce proverbe : « Il faut que *jeunesse* se passe ! » amène beaucoup de vieillesses pénibles et anticipées. — Le *sommeil* dompte la plus grande douleur, *la faim*. — La *soif* des plaisirs, de la domination et de l'*or*, peut conduire aux plus grands crimes. — La première des vertus, c'est l'*humanité*.

⁶ Une famille vertueuse trouve la paix et le bonheur au sein de la religion et des bonnes *mœurs*. — Tant qu'on peut se parer de son propre mérite, on n'emploie point celui de ses *ancêtres*.

⁷ Ce sont les *Molière*, les *Boileau*, les *Racine*, etc., qui ont porté chez toutes les nations, la gloire de notre langue. — Il n'y a rien qui étourdisse, qui assomme plus que les *donc* et les *car* dans la conversation.

⁸ Nous faisons nos plus chères *délices* de la sainte Écriture. — Les premières *hymnes* qu'on chanta dans l'Église furent composées par saint Hilaire, évêque de Poitiers. — Le vice ne présente que de trompeuses *délices*. — Mahomet fut un *foudre* de guerre. — La *foudre* tombe partout.

⁹ Il y a en France quatre-vingt-six *chefs-lieux* de préfecture.
L'inconduite et la paresse, plus que l'infortune, peuplent les *hôtels-Dieu*.

¹⁰ Le temps ne ménage pas plus les monuments des arts que les *chefs-d'œuvre* de la nature. — C'est sous le règne de Louis XIV qu'on vit éclore ces *chefs-d'œuvre* d'éloquence, de poésie, d'histoire, qui feront à jamais l'honneur de la France.
Je lui ai fait différentes questions, il m'a répondu par des *coq-à-l'âne*.

¹¹ Ce n'est qu'à Dieu que l'on peut attribuer la *toute-puissance*. — L'*amour-propre* blessé ne pardonne jamais. — Quelles gens que les avares qui passent leur vie à compter les écus entassés dans leurs *coffres-forts* !
Les *terre-pleins* sont des terres rapportées entre deux murs; ils sont employés pour fortifier les villes de guerre.

¹² Une armée est mal gardée, lorsque les *avant-postes* ne sont pas confiés à des braves. — D'infâmes *coupe-jarrets* peuvent assassiner lâchement des hommes précieux et chers à tout un peuple. — Les *arrière-pensées* n'entrent point dans un esprit franc et sincère.

¹³ Les *passe-partout* sont des espèces de clefs dont on fait souvent usage. — Dans la solitude, l'âme retrouve toute sa sensibilité; le désir, la crainte et l'espérance y sont sur le *qui-vive*.

Bossuet, Boileau, La Fontaine, se sont distingués dans la république des lettres. — Turenne, Condé, Catinat, Villars, ont acquis, par leurs exploits, une gloire immortelle. — Les arts florissaient à Athènes sous Périclès, à Rome sous Auguste. — La sagesse de Socrate et la valeur d'Achille sont célèbres dans l'antiquité.

La beauté sans la pudeur est une fleur détachée de sa tige. — L'hypocrisie est une sorte d'hommage que le vice rend à la vertu. — Le sommeil et l'espérance sont les deux calmants que la nature accorde aux malheureux. — La solitude est à l'esprit ce que la diète est au corps.

La chute d'un homme que l'on avait proclamé grand, humilie l'humanité. — Ce n'est que par l'exercice des vertus domestiques qu'un peuple se prépare à la pratique des vertus publiques. — Celui qui ne cherche la société que parce qu'il se déplaît à lui-même, ne peut y figurer longtemps avec avantage. — On vit saint Louis suppléer, par sa valeur, à l'inégalité du nombre, et soutenir lui seul le poids de l'armée.

Tant d'hommes ne seraient pas si insolents, si tant d'autres n'étaient si plats et si sots. — Une multitude d'animaux placés dans ces belles retraites, par la main du Créateur, y répandent l'enchantement et la vie. — La plupart des désordres de l'économie animale, viennent du dérèglement des passions. — Combien il est d'hommes qui s'arrêtent dans leur carrière, comme si le temps les attendait!

L'antiquité était réellement la jeunesse du monde. — L'argent ne peut donner le bonheur; il faut le demander au travail et à la vertu. — Sous un bon gouvernement on ne voit personne mourir de faim. — Le mobile du monde, c'est la soif du bonheur.

Il est facile de démontrer que, sans la morale, tout est ténèbres, aveuglement. — Nul ne peut être nommé heureux avant ses funérailles. — Les pleurs ne remédient à rien.

La ressemblance des sentiments rapproche souvent des hommes d'une condition différente : les Auguste, les Scipion et les Condé, vivaient familièrement avec des hommes de génie. — A toute perfection il y a des si et des mais.

Les meilleurs fruits sont ceux qui ont été becquetés par les oiseaux, et les plus honnêtes gens sont ceux que déchire la calomnie. — Les gens de bien et les gens de mérite sont les seuls qui vivent; le reste des hommes ne fait que végéter. — Dans les grandes chaleurs, on respire le frais avec délice.

La France est divisée en départements, qui contiennent chacun plusieurs chefs-lieux d'arrondissements et de cantons.
Les bec-figues sont de petits oiseaux qui se nourrissent ordinairement de figues.
Les belles-de-nuit et les belles-de-jour font l'ornement des parterres. — Il est impossible à l'homme de dire ce qu'il sentira, ce qu'il pensera, ce qu'il sera dans un quart-d'heure.
Les tête-à-tête rendent la conversation difficile à soutenir.
Les histoires des feux-follets n'ont de fondement que dans l'imagination des ignorants et des peureux. — L'amour-propre bien dirigé peut enfanter les plus grandes actions. — La plus sotte des espèces est celle des petits-maîtres.
Des blanc-seings sont une arme perfide dans les mains d'un fripon.
L'irréligion et le mépris des lois sont les avant-coureurs de la ruine d'un état. — L'estime des gens de bien est un avant-goût de l'immortalité. — Le réveille-matin vole sur une plante très-commune. — La calomnie vole à tire d'ailes.
Le brave a toujours réponse aux qui-va-là. — Les jugements portés d'après des ouï-dire sont toujours hasardés et souvent faux.

IIᵉ ESPÈCE DE MOTS. — **ARTICLE.**

ARTICLE.

L'*article* est un petit mot que l'on ajoute au substantif pour annoncer qu'il est pris dans un sens déterminé, et pour en faire connaître le genre et le nombre; il est *simple*, *élidé* ou *contracté*.

Article simple.

Il varie dans sa terminaison; on emploie : *le* pour le masculin singul.; *la* pour le féminin singul.; *les* pour le pluriel des deux genres.

Article élidé.

Lorsque *le* ou *la* se trouve devant une voyelle ou un *h* muet, il y a élision, c'est-à-dire suppression des lettres *e* et *a*, qui sont remplacées par une apostrophe.

Article contracté.

L'article est contracté lorsqu'il y a réunion de *le* ou *les* avec une des prépositions *à* ou *de*.

Contraction avec la préposition *à* : On dit *au* pour *à le*; On dit *aux* pour *à les*.

Contraction avec la préposition *de* : On dit *du* pour *de le*; On dit *des* pour *de les*.

L'ARTICLE est un petit mot qui se place devant les substantifs communs, pour annoncer qu'ils sont pris dans un sens déterminé et pour en faire connaître le genre et le nombre; il n'y a en français qu'un article, qui est *le*, *la*, *les*; il est *simple*, *élidé* ou *contracté*.

ARTICLE SIMPLE. — L'article *simple* varie dans sa terminaison : *le* se met devant un substantif masculin singulier, *le chêne*; *la* se met devant un substantif féminin singulier, *la forêt*; *les* se met devant tous les substantifs pluriels, soit masculins, soit féminins, *les chênes, les forêts*. Ainsi on connaît qu'un substantif est du genre masculin quand on peut mettre *le* devant ce substantif; on connaît qu'un substantif est du genre féminin quand on peut mettre *la*.

ARTICLE ÉLIDÉ. — Lorsque *le* ou *la* se trouve devant une voyelle ou un *h* muet, il y a élision, c'est-à-dire suppression de la lettre *e* ou *a*, qui est remplacée par une apostrophe : c'est par élision qu'on dit *l'oiseau, l'insouciance, l'homme, l'histoire*, pour *le oiseau, la insouciance, le homme, la histoire*.
Quand l'apostrophe tient la place de la lettre *e* ou *a*, l'article est appelé *élidé*.

ARTICLE CONTRACTÉ. — L'article est contracté lorsqu'il est réuni à un autre mot; il y a contraction toutes les fois que l'article *le*, *les*, se trouve précédé par une des prépositions *de* ou *à*, et qu'il est suivi d'un mot qui commence par une consonne : *à le* fait *au*, *à les* fait *aux*; *de le* fait *du*, *de les* fait *des*. Ainsi on dit : *Le cerf du bois* pour *le cerf de le bois*; *les cerfs des bois* pour *les cerfs de les bois*; *je vais au bois* pour *je vais à le bois*; *je vais aux bois* pour *je vais à les bois*.
La contraction *au*, *du*, n'a pas lieu devant les mots qui commencent par une voyelle ou un *h* muet. On dit : *A l'esprit de l'homme*, et non *au esprit du homme*.

IIIᵉ leçon. — REMARQUES.

I. L'article servant à faire connaître le genre et le nombre du substantif, et à annoncer qu'il est pris dans un sens déterminé, doit par conséquent être toujours placé avant le substantif : *le bœuf, la vache, les moutons, sont des animaux domestiques*. Si le substantif a un adjectif, même modifié par un adverbe, l'article doit encore être placé le premier : *la bonne renommée, le plus grand courage, sont nécessaires à un général*.

II. Lorsque plusieurs substantifs forment un même régime ou un même sujet, on doit répéter l'article avant chacun de ces substantifs, ou ne l'employer pour aucun. Exemples : *La fraude, la violence, le parjure, les procès, les guerres, ne font jamais entendre leur voix cruelle et empestée dans ce pays chéri des Dieux. Plaintes, larmes, soupirs, rien ne peut l'émouvoir.*

III. Quand un substantif est précédé de plusieurs adjectifs unis par la conjonction *et*, et que ces adjectifs ne le qualifient pas tous, on met l'article avant chaque adjectif. Exemples : *Obligez le bon et le méchant homme; j'ai parcouru la grande et la petite forêt.* Ici il y a deux substantifs à déterminer ; c'est comme s'il y avait : *Obligez le bon homme et le méchant homme; j'ai parcouru la grande forêt et la petite forêt.* Mais quand les adjectifs qualifient un même substantif, il ne faut pas répéter l'article, parce qu'on ne doit pas employer deux déterminatifs pour un seul substantif : *Obligez le bon et brave homme; j'ai parcouru la grande et belle forêt.*

IV. On supprime l'article avant les noms communs :
1° Quand ils sont employés en apostrophe : *O France, ô pays chéri !*
2° Quand ils sont régimes de la préposition *en* : *Aller en classe; vivre en chrétien; voyager en Chine.*
3° Quand ils s'unissent aux verbes *avoir, faire*, etc., pour n'exprimer avec ces verbes qu'une seule idée : *Avoir besoin; faire pitié; porter bonheur.*
4° Avant les substantifs employés comme régime dans les phrases négatives : *Il n'a pas d'esprit; il n'a pas de jugement.* Cependant on emploierait l'article si le substantif était suivi d'une phrase incidente : *N'effectues point ici des soins si généreux. Ne donnez jamais des conseils qu'il soit dangereux de suivre.*
5° Quand ils sont liés par la préposition *à* ou *de* à un mot qui précède, comme *habit de drap; jardin d'agrément; montre à répétition; compas à branches.*

V. Quoique l'article ne s'emploie que devant les noms communs, on l'emploie cependant devant les noms propres de royaumes, de contrées, de pays, de rivières : *la Hollande, le Rhin*, etc.

VI. On emploie *le, la, les*, devant *plus, moins, mieux*, lorsque ces mots expriment une comparaison : *De toutes les fleurs, la rose est la plus belle*; c'est comme s'il y avait : *De toutes les fleurs, la rose est la fleur la plus belle.*
Mais lorsque *plus, moins, mieux*, n'expriment point de comparaison, le mot *la*, qui les précède, forme avec ces mots un adverbe, par conséquent il est invariable : *Ces enfants sont obéissants, c'est en quoi ils sont le plus louables*: le plus, ici, modifie l'adjectif *louables*, et n'établit point de comparaison.
Le, placé avant *plus, moins* et *mieux*, est encore invariable lorsque ces mots sont employés pour modifier un verbe ou un adverbe : *C'est la femme que j'aime le plus; Ernest et Adèle se sont amusés le plus agréablement.*

VII. Les mots *du, des, de la*, s'emploient devant les substantifs communs pris dans un sens partitif, et signifient *quelque* : *On a employé du fer et du bois dans cette construction*, c'est-à-dire *quelque fer et quelque bois*; *il a des talents et de la vertu*, c'est-à-dire *quelques talents et quelque vertu*.
Mais si le substantif, pris dans un sens partitif, est précédé d'un adjectif, on emploie simplement *de* au lieu de *du, des, de la* : *On a employé dans cette construction de bon fer et de bon bois; il a de grands talents, de grandes vertus.*

VIII. Les adjectifs *ce, cet, mon, ton, son, un, une, aucun, nul, chaque, quelque, certain, plusieurs*, etc. sont les équivalents de l'article et en tiennent quelquefois la place, de sorte qu'on n'emploie pas l'article avant ces mots, quand ils sont joints immédiatement à un substantif. Ces adjectifs, comme l'article, doivent se répéter avant les substantifs qui servent à former le même sujet ou le même régime ; ainsi on ne dira pas : *Mes père et mère se promènent ; j'ai vu ses frères et sœurs.* Il faut dire : *Mon père et ma mère se promènent ; j'ai vu ses frères et ses sœurs.*

IV⁰ leçon. — **EXERCICES SUR L'ARTICLE.**

Article simple, ¹ *le*, ² *la*, ³ *les*. — *Article élidé*, ⁴ *l'* pour le, ⁵ *l'* pour la. — *Article contracté*, ⁶ *au* pour à le, ⁷ *aux* pour à les, ⁸ *du* pour de le, ⁹ *des* pour de les; ¹⁰ *le*, *la*, *les*, devant plus, mieux, moins. — *Article partitif*, ¹¹ *du*, de la, des.

¹ *Le* vrai moyen d'adoucir ses peines, c'est de soulager celles d'autrui. — *Le* plaisir *le* plus agréable, c'est celui qui est partagé avec des amis. — *Le* conquérant est craint, *le* sage est estimé, *le* bienfaiteur des nations vit éternellement dans leur mémoire. — L'esprit, *le* talent, *le* génie, procurent la célébrité, la vertu seule donne *le* bonheur.

² Lorsqu'à *la* fortune on joint *la* générosité, on peut compter d'avoir beaucoup d'amis. — Il n'est rien qu'un homme de bien haïsse comme *la* flatterie. — *La* sagesse est *la* seule chose dont *la* possession soit certaine. — *La* première et *la* meilleure éducation, c'est *la* religion.—Le sage conserve *la* même tranquillité dans *la* bonne et dans *la* mauvaise fortune.

³ Vous avez consolé *les* malheureux, soulagé *les* indigents ; aussi vous ont-ils béni. — Ce qui lie *les* hommes *les* uns aux autres, c'est un accord parfait dans leur manière de voir. — Dieu exige que nous employions au soulagement de nos semblables *les* richesses qu'il nous a départies. — La bienveillance gagne tous *les* cœurs.

⁴ C'est lorsque nous sommes éloignés de notre patrie, que nous sentons tout *l'*instinct qui nous y attache. — *L'*envieux voudrait que tout ce qui est bon appartînt à lui seul. — C'est par ses mœurs que *l'*homme est libre du joug des passions. — Sans *l'*espoir en Dieu, *l'*homme est trop faible pour supporter le poids de ses adversités.

⁵ Le bonheur dont tous les honnêtes gens sont le plus jaloux, c'est *l'*estime et *l'*amitié des autres hommes. — Un homme qui a vécu dans *l'*intrigue ne peut plus s'en passer : toute autre vie pour lui est languissante. — *L'*amitié obtient, *l'*importunité arrache, mais *l'*exigence ferme la main du bienfaiteur. — *L'*ironie tue *l'*amitié.

⁶ On doit placer l'amour de la patrie *au* rang de ces vertus sublimes d'où découlent tous les biens de la société. — C'est *au* fond du cœur des méchants qu'est dressé leur échafaud. — C'est *au* mérite seul que devraient être réservés les récompenses et les honneurs. — Se montrer modéré *au* faîte de la prospérité, c'est le comble de la sagesse.

⁷ Heureux celui qui sait mêler ses plaisirs *aux* affaires sans que celles-ci en souffrent! — Celui qui ouvre sa bourse *aux* malheureux y renferme d'agréables souvenirs. — Le maître des cieux dicte des lois *aux* grands de la terre. — Une sévère et rigide vertu sait résister *aux* voluptés. — Quand on conseille la vertu *aux* autres, on s'impose plus étroitement l'obligation de la pratiquer.

⁸ La religion cicatrise les plaies *du* cœur. — Le fleuve *du* temps entraîne dans son cours tout ce qui est périssable.— Nommer un roi père *du* peuple, c'est moins faire son éloge que l'appeler par son nom. — La morale est la base *du* bonheur.

⁹ On allége sa douleur en soulageant celle *des* autres.—Les maximes *des* hommes décèlent leurs sentiments. — Le destin *des* grands hommes, dans tous les genres, est d'être jugés par la médiocrité, qui, pour se venger de son impuissance, dégrade les actions vertueuses par la bassesse *des* motifs qu'elle leur suppose.

¹⁰ Quoique la lune soit *la plus* éclatante des planètes, elle jette beaucoup moins de clarté que le soleil, lors même qu'elle est *le plus* brillante. — Aux yeux de l'envie, la réputation *la mieux* établie n'est qu'une erreur publique. — Les choses dont nous nous soucions *le moins*, sont souvent celles qui contribuent *le plus* à notre bonheur.

¹¹ Un homme vain trouve toujours son compte à dire *du* bien ou *du* mal de soi. — La modestie est au mérite ce que les ombres sont au tableau : elle lui donne *de la* force et *du* relief. — Notre intérêt exige que nous ne nous confiions qu'à *des* hommes d'une vertu éprouvée. — Les sciences ont *des* racines amères, mais les fruits en sont doux.

Dieu ordonne de faire le bien et de fuir le mal. — Le remords est le supplice d'une mauvaise conscience. — Le bonheur ou le mérite ont pu faire des héros ; mais la vertu seule fait les grands hommes. — Le brave ne se connaît qu'à la guerre, le sage dans la colère, et l'ami dans le besoin.

Ne violentez pas votre destinée ; faites tout ce que la prudence et vos facultés vous permettent, puis abandonnez-vous en toute confiance à la Providence. — La richesse, unie au luxe, engendre la mollesse. — La raison, d'accord avec la religion, nous enseigne une autre vie. — La réputation la plus brillante doit souvent plus à la prévention qu'au mérite.

Les diamants ont leur prix, mais les bons conseils sont inappréciables. — Les pensées les plus sublimes ne sont rien, si elles sont mal exprimées. — Les égards que les hommes se doivent les uns aux autres, sont un des devoirs les plus indispensables de la société. — Les grandes et fortes pensées viennent du cœur.

Dieu a créé l'homme avec deux amours : l'un pour son auteur, l'autre pour lui-même. — Le meilleur remède contre l'ennui, ce sont des occupations qui se succèdent sans interruption. — L'homme, par ses désirs, empiète sur l'avenir, comme pour prolonger son existence. — L'égoïsme comprime les mouvements généreux du cœur.

Si vous aimez l'indépendance, ne vous endettez pas.—La docilité facilite l'éducation. — La mort est aussi naturelle que la vie : l'une et l'autre sont l'œuvre de la Providence.—Combien de fois l'ignorance ne s'est-elle pas applaudie de ses propres erreurs ! — Nous aimons mieux rester dans l'ignorance que de l'avouer.

Quel est l'homme qui soit sûr de vivre jusqu'au soir ? — Ce n'est qu'au sein de sa famille ou de l'amitié, qu'on trouve un asile contre les coups de la fortune. — Souvent on attribue au mérite un effet du hasard. — De la philosophie à l'impiété, il y a aussi loin que de la religion au fanatisme.

L'affectation est aussi insupportable aux autres qu'elle est pénible à celui en qui on la remarque. — Quand nous sommes riches nous ne songeons point aux besoins d'autrui. — L'homme sensé ne répond jamais aux injures. — Le cœur humain n'est pas moins caché à lui-même, qu'il n'est impénétrable aux autres.

Le soleil est le flambeau du monde ; Dieu l'a fait pour embellir et animer la nature. — La douleur du corps est le seul mal de la vie que la raison ne peut guérir. — Les hommes recueillent dans la vieillesse le fruit du travail de la jeunesse.

Ne faites rien qui ne soit digne des maximes de vertu qu'on a tâché de vous inspirer. — C'est de la naissance de Jésus-Christ que nous commençons la série des siècles et des années de l'histoire moderne. — Le luxe amène nécessairement le goût de la recherche et des colifichets.

L'équivoque le mieux concertée est aussi criminelle, aux yeux de la Divinité, que le mensonge le plus grossier. — Les peuples les moins civilisés sont ceux chez lesquels il se commet le plus de crimes. — Les impressions qui font sentir le plus le prix de la vie, sont celles qui nous rappellent le plus facilement qu'elle doit finir.

On ne trouve guère d'ingrats, tant qu'on est en état de faire du bien. — C'est un beau caractère que d'avoir à la fois de la fermeté et de la douceur. — Les grands seraient inutiles sur la terre, s'il ne s'y trouvait des pauvres et des malheureux. — L'esprit marche dans les sentiers battus, le génie s'ouvre de nouvelles routes.

IIIe ESPÈCE DE MOTS. — ADJECTIF.

Ire leçon. — TABLEAU ANALYTIQUE.

ADJECTIF.

L'*adjectif* est un mot qui qualifie ou détermine le substantif; il y en a deux espèces.

Adjectif qualificatif.

Il qualifie le substantif, et a trois degrés de qualification.

Le *positif* exprime simplement la qualité.

Le *comparatif* exprime la qualité avec comparaison; il y en a trois:

Le comparatif d'*égalité*, qui se forme avec *aussi*.

Le comparatif d'*infériorité*, qui se forme avec *moins*.

Le comparatif de *supériorité*, qui se forme avec *plus*.

Le *superlatif* exprime la qualité à un très-haut degré; il y a deux superlatifs:

Le superlatif *absolu*, qui se marque avec *très*, *fort*, etc.

Le superlatif *relatif*, qui se marque avec *le plus*, *le moins*, etc.

Adjectif déterminatif.

Il détermine le substantif en y ajoutant une idée de nombre, de démonstration, etc. Il y en a de quatre espèces.

L'adjectif *numéral* ajoute au substantif une idée de nombre ou d'ordre; il y en a deux:

L'adjectif *numéral cardinal*, qui marque le nombre.

L'adjectif *numéral ordinal*, qui marque l'ordre.

L'adjectif *démonstratif* ajoute au substantif une idée de démonstration.

L'adjectif *possessif* ajoute au substantif une idée de possession.

L'adjectif *indéfini* ajoute au substantif une idée vague et indéterminée.

IIe leçon. — DÉFINITIONS.

L'*ADJECTIF* est un mot que l'on ajoute au substantif , pour le qualifier ou pour le déterminer. On connaît qu'un mot est adjectif quand on peut y joindre les mots *personne* ou *chose*; ainsi *habile*, *agréable*, *doux*, *ces*, sont des adjectifs, parce qu'on peut dire *personne habile*, *chose agréable*, *deux personnes*, *ces choses*, etc. L'adjectif doit être du même genre et du même nombre que le nom auquel il se rapporte.

Formation du féminin dans les adjectifs.

RÈGLES GÉNÉRALES. — 1° Les adjectifs terminés au masculin par un *e* muet ne changent pas de terminaison au féminin : comme *agréable*, *habile*, *admirable*. Excepté : *ivrogne*, *ivrognesse*; *traître*, *traîtresse*, etc. — 2° Quand un adjectif ne finit point par un *e* muet, on y ajoute un *e* muet pour former le féminin, *hardi*, *hardie*; *prudent*, *prudente*; *instruit*, *instruite*; *villageois*, *villageoise*: Excepté : *blanc*, *blanche*; *devin*, *devineresse*; *grec*, *grecque*, etc. — 3° Les adjectifs terminés en *on*, *el*, *et*, *eil*, *ien*, forment leur féminin en doublant leur dernière consonne et en y ajoutant un *e* muet : *bon*, *bonne*; *cruel*, *cruelle*; *muet*, *muette*; *vermeille*; *payen*, *payenne*; *payen*, *payenne*. Excepté : *larron*, *larronnesse*; *complet*, *complète*; *inquiet*, *inquiète*, etc. — 4° Les adjectifs terminés au masculin par un *f* changent *f* en *ve* : *neuf*, *neuve*; *actif*, *active*. — 5° Les adjectifs terminés au masculin par *x* changent *x* en *se* : *nerveux*, *nerveuse*; *périlleux*, *périlleuse*. Excepté : *doux*, *douce*; *faux*, *fausse*, etc. — 6° Les adjectifs terminés en *eau* font leur féminin en *elle* : *beau*, *belle*; *nouveau*, *nouvelle*. — 7° Les adjectifs en *eur* font leur féminin en *euse* : *trompeur*, *trompeuse*; *parleur*, *parleuse*; *chanteur*, *chanteuse*. Excepté : *pêcheur*, *pêcheresse*; *acteur*, *actrice*; *protecteur*, *protectrice*. etc. — Les adjectifs en *eur*, qui expriment un état principalement exercé par les hommes, ne changent pas au féminin, tels sont *auteur*, *professeur*, *littérateur*, *compositeur*.

Formation du pluriel dans les adjectifs.

RÈGLE. Le pluriel, dans les adjectifs, se forme comme dans les substantifs en ajoutant un *s* : *grand*, *grands*; *grande*, *grandes*.

Exceptions. — 1° Les adjectifs qui se terminent par *s* ou par *x* ne changent pas au pluriel masculin : *gros*, *épais*, *heureux*, *doux*, etc — 2° Les adjectifs en *au* prennent un *x* au pluriel : *beau*, *beaux*; *nouveau*, *nouveaux*. — 3 La plus grande partie des adjectifs en *al* forment leur pluriel masculin en *aux*: *égal*, *égaux*; *brutal*, *brutaux*; *moral*, *moraux*; et les autres prennent un *s* au pluriel : *naval*, *navals*; *fatal*, *fatals*. Plusieurs adjectifs en *al* n'ont pas de pluriel masculin, comme *pastoral*, *trivial*, *vénal*, *littéral*, *conjugal*, *austral*. Il y a deux espèces d'adjectifs, l'adjectif *qualificatif* et l'adjectif *déterminatif*.

ADJECTIF QUALIFICATIF. — Il se joint au substantif pour le qualifier, comme *généreux*, *sage*, *petit*, *méchant*. Cet adjectif peut qualifier le substantif de trois manières différentes, simplement, avec comparaison, ou en le portant au plus haut degré de supériorité ou d'infériorité; il résulte de là qu'il y a trois degrés de qualification : le *positif*, le *comparatif* et le *superlatif*.

ADJECTIF AU POSITIF. — Le positif n'est autre chose que l'adjectif même, exprimant simplement la qualité du substantif : *bon père*, *belle maison*, *grand arbre*.

ADJECTIF AU COMPARATIF. — Le comparatif est l'adjectif, exprimant une comparaison entre deux ou plusieurs substantifs. Il y a trois comparatifs : 1° le comparatif d'*égalité*, qui se forme en mettant *aussi* ou *autant* avant l'adjectif : *le chêne est aussi grand que le hêtre*; 2° le comparatif d'*infériorité*, qui se forme en mettant *moins* avant l'adjectif : *le roseau est moins grand que le chêne*; 3° le comparatif de *supériorité*, qui se forme en mettant *plus* avant l'adjectif : *le chêne est plus grand que le roseau*.

ADJECTIF AU SUPERLATIF. — Le superlatif exprime la qualité portée à un très-haut degré ou dans le plus haut degré, en plus ou en moins. Il y a deux superlatifs : 1° le superlatif *absolu*, qui marque la qualité à un très-haut degré, sans comparaison; on le forme en mettant, avant l'adjectif, les mots *bien*, *infiniment*, *extrêmement*, *fort*, *très*, comme *Marseille est une ville très-ancienne*; *Louise est bien aimable*, etc.; 2° le superlatif *relatif*, qui marque la qualité à un très-haut degré avec comparaison; on le forme en mettant avant le comparatif de supériorité ou d'infériorité un des mots *le*, *la*, *les*, *mon*, *ton*, *son*, *notre*, *votre*, *leur*. Exemples : *ce soldat est le plus courageux de l'armée*; *c'est l'écolier le plus laborieux*; *c'est l'homme le moins capable d'agir, dans cette circonstance*.

ADJECTIF DÉTERMINATIF. — Il se joint au substantif, pour le déterminer la signification, en y ajoutant une idée de nombre, de démonstration, de possession, etc. , comme *mon chapeau*, *cette écritoire*; *mon ajoute* à chapeau une idée de possession; *cette* ajoute à écritoire une idée d'indication. — Il y a quatre espèces d'adjectifs déterminatifs : l'adjectif *démonstratif*, l'adjectif *possessif*, et l'adjectif *indéfini*.

ADJECTIF NUMÉRAL. — Il détermine la signification du substantif, et de plus y ajoute une idée de nombre ou d'ordre. Il y a deux adjectifs numéraux : 1° l'adjectif numéral *cardinal*, qui désigne le nombre, comme *vingt*, *trente*, *quarante*; 2° l'adjectif numéral *ordinal*, qui désigne l'ordre, le rang, comme *cinquième*, *dixième*, *vingtième*, etc.

ADJECTIF DÉMONSTRATIF. — Il détermine la signification du substantif, et y ajoute une idée de démonstration, comme *ce*, *cet*, *ces*.

ADJECTIF POSSESSIF. — Il détermine la signification du substantif, et y ajoute une idée de possession, comme *mon*, *ma*, *mes*, *ton*, *ta*, *tes*, *ses*, etc. *Mon*, *ton*, *son*, quoique du masculin, s'emploient devant un substantif féminin qui commence par une voyelle ou un *h* muet : *mon âme*, *ton humeur*, etc.

ADJECTIF INDÉFINI. — Cet adjectif détermine la signification du substantif, en y ajoutant une idée vague et indéterminée, comme *chaque*, *nul*, *aucun*, *même*, *tout*, *quelque*, *plusieurs*, etc.

IIIe leçon. — REMARQUES.

I. L'adjectif qualificatif ou déterminatif doit s'accorder en genre et en nombre avec le substantif auquel il se rapporte. Exemples : *un fruit délicieux*, *une poire délicieuse*; *un fleuve profond*, *des rivières profondes*; *ses fruits*, *cette poire*. Exceptions : 1° Les adjectifs *excepté*, *supposé*, *entendu*, *oui*, *passé*, *vu*, *compris*, sont invariables lorsqu'ils sont placés avant le substantif, et en prennent le genre et le nombre s'ils sont placés après. Les adjectifs *demi*, *nu*, suivent la même règle; mais ils se joignent au substantif par un trait d'union, ils sont placés avant; 2° l'adjectif *feu* est invariable quand il est placé avant l'article ou l'adjectif possessif : *feu la reine*, *feu sa mère*; mais il prend le genre et le nombre quand il est placé après : *la feue reine*, *sa feue mère*; 3° Les adjectifs employés comme adverbes sont toujours invariables. Exemples : *on lui a coupé les cheveux bien court*; *cette robe a coûté cher*; 4° deux adjectifs, dont le premier est qualifié par le second, sont invariables : *des étoffes vert tendre*. Il en est ainsi, parce que le premier adjectif est employé substantivement) et comme s'il y avait d'un *vert tendre*.

II. L'adjectif se met au pluriel, lorsqu'il se rapporte à deux ou plusieurs substantifs, avec lesquels il s'accorde en genre, si ces deux substantifs sont du même genre : *le lion et le tigre sont cruels*; mais si ces substantifs sont d'un genre différent, l'adjectif se met à masculin pluriel : *la rose et l'œillet sont odoriférants*; cette circonstance est d'un usage de mettre le substantif masculin le dernier.

III. L'adjectif placé après deux ou plusieurs substantifs s'accorde avec le dernier : 1° lorsque ces substantifs sont synonymes : *il trouva les fleuves et les rivières glacées*; 2° lorsqu'ils sont séparés par la conjonction *ou* : *il montra un courage ou une adresse étonnante*.

IV. Lorsque l'adjectif suit deux substantifs, liés par la préposition *de*, ou par l'article *du*, *de la*, *des*, il s'accorde avec le premier : *Après six mois de temps écoulés*. On vit les livres de *Clarisse déchirés*.

V. L'adjectif doit s'accorder avec le substantif collectif général et non avec le substantif qui suit ce collectif : *l'armée des Français courageuse et disciplinée*. Au contraire, l'adjectif ne s'accorde pas avec le substantif collectif partitif, mais avec le substantif qui suit ce collectif : *la plupart des enfants sont légers*.

VI. L'adjectif est soumis au substantif, mais le substantif ne l'est pas à l'adjectif; ainsi on ne dira pas : *ancien et le Nouveau Testaments*, mais *l'Ancien et le Nouveau Testament*. Des deux adjectifs renfermés dans tu phrase, l'un qualifie un substantif sous-entendu, l'autre un substantif exprimé.

VII. Il ne faut pas employer, pour les personnes, les adjectifs qui ne conviennent qu'aux choses, ni pour les choses ceux qui ne conviennent qu'aux personnes; ainsi on ne dira donc pas : *un homme pardonnable*, *un homme digne de pardon*; *un malheur inconsolable*, mais *un malheur qui semble inconsolable*.

VIII. Il serait extrêmement difficile d'établir des règles pour fixer la place que doivent occuper les adjectifs dans une phrase, cependant la position de l'adjectif avant ou après le substantif en change souvent la signification : *un grand homme est un homme d'un grand mérite*; *un homme grand est un homme d'une grande taille*. On pourra suivre un un homme d'honneur, de probité; un homme honnête est un homme poli; le pauvre auteur est un auteur qui n'a point de mérite; un auteur pauvre est un auteur qui n'a point fortune, etc.

IX. Tous les adjectifs numéraux cardinaux sont invariables, excepté *vingt* et *cent* qui prennent *s* quand ils sont multipliés par un autre nombre, et qu'ils ne sont pas suivis d'un autre adjectif numéral : *quatre-vingts hommes*; *deux cents soldats*. Lorsque *vingt*, *cent*, sont employés pour *vingtième*, *centième*, sont invariables. — *Mille*, s'écrit de trois manières : *mil*, pour la date des années; *mille*, pour exprimer

le nombre *dix fois cent* ; et *mille*, avec un *s*, au pluriel, quand il représente une étendue de chemin; dans ce cas, il est substantif.

X. L'adjectif possessif est remplacé par l'article, quand la possession est exprimée clairement : *j'ai mal à la tête*; *Jean s'est donné le pied*; on voit qu'il est question de ma tête et du pied de Jean; les adjectifs *ma* et *son*, n'ajouteraient donc rien au sens. Mais si le pronom personnel n'indique pas clairement qu'il est question de la tête ou du pied de tel ou tel individu, on doit faire usage de l'adjectif possessif au substantif. Ainsi l'on doit dire : *je m'aperçois que ma tête enfle*; *il s'appuie sur son pied*.

XI. Les adjectifs possessifs *son*, *sa*, *ses*, *leur*, *leurs*, ne peuvent être employés dans une proposition, pour un nom de chose inanimée, que quand le nom de cette chose se trouve exprimé dans la même proposition, comme sujet (on appelle proposition une réunion de mots qui offrent un sens et un sens quelque chose; il y a, dans une phrase, autant de propositions qu'il y a de verbes à un mode personnel.) Ainsi on dira bien : *le printemps a ses beautés*, parce que l'adjectif *ses* se rapporte à un nom de chose exprimé dans la même proposition; mais on ne peut pas dire : *le printemps est une saison charmante*; *j'admire ses beautés*, parce que l'adjectif *ses* se rapporte à un nom de chose inanimée qui ne se trouve pas exprimé dans la même proposition; on remplace l'adjectif possessif par le mot *en*, et on dit : *le printemps est une saison charmante*, *j'en admire les beautés*. Cependant, quoique le nom de chose ne se trouve pas dans la même proposition, on fait usage de l'adjectif possessif, pour éviter l'emploi de *en*, devant un nom de chose employé au sens bien de *son*, *sa*, *ses*, etc., lorsque ces adjectifs sont immédiatement précédés d'une préposition. Exemple : *la ville de Paris est belle*, *j'admire la grandeur de ses monuments*.

XII. *Aucun* est mot exclusif toute idée de pluralité, et s'emploie toujours avec le mot *ne* : *il n'a nul mérite*; ils admettent cependant le pluriel avec les noms qui n'ont pas de singulier : *il n'a fait aucun frais*.

XIII. *Chaque* veut toujours un substantif après lui : *chaque pays a ses productions*; ainsi on dira pas : *chaque a ses productions*, mais *chaque pays*, etc.

XIV. *Même* est adjectif ou adverbe. Il est adjectif 1° quand il précède le substantif : *ce sont les mêmes hommes*; 2° quand il est placé après un pronom ou un seul substantif : *les femmes elles-mêmes combattirent*. Il est adverbe 1° quand il se trouve après deux ou plusieurs substantifs : *il évite ses amis*, *sa femme*, *ses enfants même*; 2° quand il modifie un verbe : *il lui a tout donné*, *même son nécessaire*.

XV. *Quelque* s'écrit de trois manières : 1° *même* d'un substantif, alors ou accompagne d'un adjectif, *quelque s'écrit en un seul mot*; alors il est adjectif, et il s'accorde avec le substantif : *Quelques richesses*, *quelques grands talents que vous ayez*, *vous ne élevez pas vous en enorgueillir*; 2° suivi d'un adjectif, séparé d'un substantif ou suivi d'un adverbe, *quelque s'écrit en un seul mot*; alors il est adverbe et par conséquent invariable : *Quelque puissants que soient mes ennemis*, *quelque adroitement qu'ils s'y prennent*, *je ne les crains pas*; 3° suivi d'un verbe, *quelque s'écrit en deux mots dont que*; alors il est invariable : *quelles que soient en grand et en nombre le sujet du verbe*, et la conjonction *que* reste invariable : *quelles que soient les forces de l'ennemi*, *quels que soient ses talents*, *j'espère le vaincre facilement*.

XVI. *Tout* est adjectif ou adverbe. *Tout*, adjectif, s'accorde en genre et en nombre avec le substantif auquel il se rapporte qu'il modifie : *tout moment*, *tous les moments*; *toute action*, *toutes les actions*. *Tout* signifiant entièrement, *tout-à-fait*, *quelque*, *quoique*, est adverbe et invariable : *Tout aimable qu'est cette femme. Ils sont tout dévoués au roi*. Cependant tout, quoique adverbe, varie quand il est adjectif qui suit est féminin et commence par une consonne ou de l'*ou-de-vie* toute pure; *des femmes toutes pénétrées de douleur.*

Adjectifs qualificatifs : ¹ *positif;* ² *comparatif d'égalité,* ³ *comparatif d'infériorité,* ⁴ *comparatif de supériorité,* ⁵ *superlatif absolu,* ⁶ *superlatif relatif.* — *Adjectifs déterminatifs :* ⁷ *numéral cardinal,* ⁸ *numéral ordinal,* ⁹ *démonstratif,* ¹⁰ *possessif,* ¹¹ *indéfini.* — ¹² *Emploi de deux adjectifs invariables.* — ¹³ *Vingt, cent,* ¹⁴ *mil, mille.* — ¹⁵ *Quelque suivi d'un substantif, seul ou accompagné d'un adjectif;* ¹⁶ *suivi d'un adjectif séparé d'un substantif;* ¹⁷ *suivi d'un verbe.* — ¹⁸ *Tout, adjectif;* ¹⁹ *tout, adverbe.*

¹ Ce qui annonce l'homme d'une habileté et d'un génie *supérieurs*, ce sont les *grands* et *vastes* projets joints à la *prompte* et *sage* exécution.

² La superstition est un écueil *aussi dangereux* que l'impiété. — Le menteur est *autant méprisé* que l'homme vrai est estimé.

³ L'homme fait est *moins physionomiste* que l'enfant. — La mort est *moins funeste* que les plaisirs qui attaquent la vertu.

⁴ Le mensonge est *plus gênant* que le silence ou la franchise. — L'espoir d'une condition *plus heureuse* adoucit les peines qu'on éprouve.

⁵ Je doute qu'un homme de bien consentît jamais à une bassesse, quand même on lui offrirait de *très-grands* avantages.

⁶ *Le moins pauvre* des hommes est celui qui désire le moins. — Un homme qui a su vaincre ses passions et y mettre un frein, a remporté *la plus belle* de toutes les victoires.

⁷ Sur *dix* récoltes, on en compte *deux* bonnes, *trois* mauvaises et *cinq* médiocres. — Il y a *deux* choses qu'on ne saurait regarder en face : le soleil et la mort.

⁸ Le *premier* degré du pardon est de ne plus parler de l'injure qu'on a reçue. — Au *huitième* et au *neuvième* siècle il y avait trois carêmes, quelquefois quatre, comme dans l'église grecque.

⁹ La possession des faux biens de *ce* monde ne peut procurer qu'une fausse et trompeuse félicité. — Personne ne fut plus doué que Fénelon de *cette* bonté, de *cette* indulgence, qui captive les esprits et les cœurs.

¹⁰ *Notre* salut naît quelquefois des causes mêmes d'où devait venir *notre* perte. — Une femme peut doubler *sa* dot par *ses* talents et *ses* vertus.

¹¹ Il y a, dans le langage d'*un* hypocrite, *une* certaine douceur que n'a pas la vérité. — Celui qui ne montre *aucune* pitié, ne mérite *aucune* clémence.

¹² Des étoffes *rose tendre* ne siéent qu'au jeune âge ; celles qui sont *brun foncé* conviennent dans toutes les saisons.

¹³ Un des plus célèbres édifices de la Chine est la tour de porcelaine; elle est haute de *deux cent quatre-vingts* pieds, et a un escalier de *quatre cents* marches.

¹⁴ C'est de l'année *mil* quatre cent quarante que date l'invention de l'imprimerie. — Le Gange, un des plus grands fleuves de l'Asie, se jette dans la mer de l'Inde, après avoir parcouru plus de dix-huit cents milles.

¹⁵ Dieu donne des richesses à *quelques* mortels indignes d'en jouir, afin qu'elles deviennent le supplice de leurs passions. — *Quelques* grands avantages que la nature donne, ce n'est pas elle seule, mais la vertu avec elle, qui fait les héros.

¹⁶ *Quelque* méchants que soient les hommes, ils n'osent paraître ennemis de la vertu. — *Quelque* estimées que soient les richesses, elles ne sont estimables que dans les mains de l'homme bienfaisant.

¹⁷ *Quelle que* soit la gloire des grands sur la terre, elle a toujours à craindre l'envie, qui cherche à l'obscurcir. — *Quelle que* soit leur expérience, les hommes peuvent se laisser égarer : les plus habiles, les plus sages même sont faillibles.

¹⁸ C'est au dernier moment que *toute* votre vie s'offrira à vous sous des idées bien différentes de celles que vous en avez eues jusqu'à aujourd'hui. — La vertu est le souverain bien; *toute* autre richesse est illusoire.

¹⁹ *Tout* engourdie qu'est la paresse, elle fait plus de ravages chez nous que toutes les passions ensemble. — L'espérance, *toute* trompeuse qu'elle est, sert au moins à nous mener à la fin de la vie par un chemin agréable.

La véritable finesse n'est autre chose qu'une prudence bien réglée; elle fait que l'homme est sincère sans être simple, et pénétrant sans être trompeur.

Une grande fortune est aussi embarrassante qu'un grand pouvoir. — César était aussi éloquent que brave, et autant admiré qu'estimé.

Les méchants sont moins dangereux que les hommes faibles. — Les fortunes promptes sont moins solides que les autres.

Il y a certaines sociétés dont la fréquentation est plus dangereuse que des coupe-gorge. — On est plus heureux de donner que de recevoir.

La cour des princes est généralement composée d'hommes fort durs, quoique fort polis : ce n'est pas là qu'il faut chercher l'humanité.

De bonnes actions et des études agréables sont les plus doux passe-temps. — Le métier le plus assujettissant, le plus long et le moins réellement profitable, est celui d'amasseur d'or.

Sur cent personnes, quatre-vingt-dix sacrifient à la jouissance du présent les espérances de l'avenir. — L'intérêt, la vanité, la mode et la santé, sont nos quatre guides principaux.

De la philosophie du dix-huitième siècle, il faut écarter ce qu'il y a de faux en morale, en politique, en législation. — Le premier besoin de l'homme pieux, c'est de rapporter ses vertus à Dieu et de les cacher aux hommes.

Cette nacelle, où le matelot lutte en vain contre le courant qui l'entraîne, est l'image de la vie. — Les approches de la mort éteignent en nous ce courage, cette intrépidité avec laquelle il semble que nous la défions toute notre vie.

Sois reconnaissant envers ton père et ta mère, puisqu'ils t'ont donné le jour : tes enfants, en suivant ton exemple, récompenseront ta piété par leur amour filial.

La bonté est presque un vice, quand elle dégénère en faiblesse. — L'esprit ne tient lieu d'aucun talent, ni la vanité, d'aucune vertu.

Apollon est quelquefois représenté avec des cheveux blond cendré, d'autres fois avec des cheveux châtain clair.

Mettre à la loterie, c'est faire une gageure avec le sort à quatre-vingt-dix contre un. — La monarchie française a été fondée l'an quatre-cent-vingt.

Cent familles à dix mille francs de rente sont plus utiles qu'une seule à un million. — Aucune armée n'a jamais montré plus de courage que la nôtre à la bataille de Pavie, livrée en mil cinq cent vingt-cinq.

Quelque chose que nous fassions pour obliger un ingrat, nous n'obtiendrons jamais sa reconnaissance. — Quelques grands talents que nous possédions, la moindre des vertus a plus de prix aux yeux de la Divinité.

Quelque corrompus que soient les hommes, la vertu leur impose toujours. — Quelque dissimulés que soient les méchants, Dieu connaît les moindres secrets de leurs cœurs.

Quelle que soit la modération de nos désirs, ne nous croyons pas à l'abri des revers. — Il y a toujours une manière de dire les choses, quelles qu'elles soient, qui les rend ou plus agréables ou moins dures.

Le plus esclave de tous les hommes, c'est celui qui est asservi à ses passions. — Dieu, en donnant l'intelligence à l'homme, a voulu qu'il ne pût être confondu avec toutes les autres créatures.

Les bienfaits qu'on répand sur les autres, causent une tout autre satisfaction que ceux qu'on en reçoit. — L'âme demeure tout étonnée et toute stupéfaite à la vue des grandes scènes qu'offre la nature.

IVᵉ ESPÈCE DE MOTS. — PRONOM.

Iʳᵉ leçon. — TABLEAU ANALYTIQUE.

PRONOM.

Le *pronom* est un mot que l'on met à la place du substantif pour en éviter la répétition ; il y a cinq espèces de pronoms.

Pronom personnel.

Les pronoms personnels sont ceux qui désignent les personnes ou les choses.

Pronom démonstratif.

Ce pronom ajoute au substantif, qu'il remplace, une idée de démonstration.

Pronom possessif.

Ce pronom ajoute au substantif, qu'il remplace, une idée de possession.

Pronom relatif.

Ce pronom est ainsi appelé à cause de la relation intime qu'il a avec un substantif ou pronom qui précède.

Pronom indéfini.

Ce pronom désigne, d'une manière vague, les substantifs qu'il remplace.

IIᵉ leçon. — DÉFINITIONS.

Le *PRONOM* est un mot que l'on met à la place du substantif pour en rappeler l'idée et en éviter la répétition : *Edouard est insouciant*, il *court*, il *chante continuellement*. Le pronom *il* est employé pour éviter la répétition du substantif *Edouard* ; sans ce pronom, il faudrait dire : *Edouard est insouciant, Edouard court, Edouard chante continuellement.*

Le pronom peut aussi tenir la place d'une phrase ou d'une partie de phrase : *Voulez-vous que je vous raconte une histoire? Oui, je le veux.* Le mot *le*, qui est un pronom, tient la place d'une partie de phrase ; c'est comme s'il y avait : *Oui, je veux que vous me racontiez une histoire.*

Il y a cinq sortes de pronoms : les pronoms *personnels*, les pronoms *démonstratifs*, les pronoms *possessifs*, les pronoms *relatifs* et les pronoms *indéfinis*.

PRONOMS PERSONNELS. — Les pronoms *personnels* sont ceux qui désignent les personnes ou les choses. Il y a trois *personnes* : la première personne est *celle qui parle*, la seconde personne est *celle à qui l'on parle*, la troisième personne est *celle de qui l'on parle*.

Les pronoms personnels sont : Pour la première personne, *je, moi, me*, au singulier ; *nous*, au pluriel ; ils sont des deux genres. Pour la deuxième personne, *tu, toi, te*, au singulier ; *vous*, au pluriel ; ils sont des deux genres (par politesse, on emploie *vous* au lieu de *tu* au singulier). Pour la troisième personne, *il, lui, elle, se, soi, le, la*, au singulier ; *ils, eux, elles, se, leur, les*, au pluriel. *Il, ils, eux, le*, sont masculins ; *elle, elles, la*, sont féminins ; *se, soi, lui, leur, les*, sont des deux genres.

Il y a encore deux mots qui sont regardés comme pronoms personnels, quand ils ont rapport à une personne ou à une chose dont ou a parlé ; ces pronoms sont : *en*, qui signifie *de ceci, de cela, de lui, d'elle, d'eux, d'elles. Je m'en souviens*, c'est-à-dire, *je me souviens de lui, d'elle*, etc. : *y*, qui signifie *à cette chose, à ces choses. J'y penserai*, c'est-à-dire, *je penserai à cette chose, à ces choses.*

REMARQUES. — 1° *Le, la, les*, pronoms personnels, accompagnent toujours un verbe : *je le cherche, je la conduirai, je les aimerai* ; et *le, la, les*, articles, accompagnent toujours un substantif : *le vaisseau, la mer, les vents.*

2° Lorsque *leur* précède un verbe, il est pronom, et ne prend point la marque du pluriel ; s'il précède un substantif, il est adjectif possessif, et s'accorde avec ce substantif.

PRONOMS DÉMONSTRATIFS. — Les pronoms *démonstratifs* sont ceux qui ajoutent au substantif, qu'ils remplacent, une idée d'indication ou de démonstration ; ces pronoms sont :
Singulier masculin. Celui, celui-ci, celui-là, ce, ceci, cela. — *Féminin.* Celle, celle-ci, celle-là.
Pluriel masculin. Ceux, ceux-ci, ceux-là. — *Féminin.* Celles, celles-ci, celles-là.

PRONOMS POSSESSIFS. — Les pronoms *possessifs* ajoutent au substantif, qu'ils remplacent, une idée de possession ; ces pronoms sont :
Singulier masculin. Le mien, le tien, le sien, le nôtre, le vôtre, le leur. — *Féminin.* La mienne, la tienne, la sienne, la nôtre, la vôtre, la leur.
Pluriel masculin. Les miens, les tiens, les siens. *Féminin.* Les miennes, les tiennes, les siennes. (Les nôtres, les vôtres, les leurs, sont des deux genres.)

PRONOMS RELATIFS. — On appelle pronoms *relatifs* ceux qui ont une relation intime avec un substantif ou un autre pronom qui le précède, et que l'on appelle *antécédent*.

Les pronoms relatifs sont : *qui, que, quoi, dont, lequel, laquelle, lesquels, lesquelles. L'oiseau qui vole ; le fruit que j'ai mangé ; ce sont choses à quoi vous ne prenez garde ; l'histoire dont vous m'avez parlé ; le cabinet dans lequel je suis entré*, etc. Les pronoms *qui, que, quoi, dont, lequel*, se rapportent aux substantifs *oiseau, fruit, choses, histoire, cabinet*, qui les précèdent, et qui sont appelés antécédents de ces pronoms.

Les pronoms *qui, que, quoi, lequel, laquelle*, sont aussi des pronoms *interrogatifs* ; on les distingue des pronoms relatifs en ce qu'ils n'ont point d'antécédent, et qu'on peut les tourner par *quelle personne ou quelle chose*, comme : *qui a fait cela? c'est-à-dire quelle personne a fait cela? que lisez-vous? c'est-à-dire quelle chose lisez-vous?*

PRONOMS INDÉFINIS. — On appelle pronoms *indéfinis* ceux qui désignent les personnes et les choses d'une manière vague et indéfinie. Ces pronoms sont : *on, quiconque, quelqu'un, chacun, autrui, l'un, l'autre, personne.* Exemples : On *frappe à la porte* ; quiconque *passe n'a doit payer* ; quelqu'un *entre* ; chacun *sent son mal*, etc.

IIIᵉ leçon. — REMARQUES.

RÈGLES GÉNÉRALES. — I. Le pronom ne peut remplacer qu'un substantif pris dans un sens déterminé, c'est-à-dire employé avec l'article ou l'équivalent de l'article ; ainsi ne dites pas : *Vous avez droit de me commander, je le trouve juste ;* mais dites : *Vous avez le droit de me commander, je le trouve juste.*

II. Lorsque le pronom peut se rapporter à sujet ou au régime d'une phrase, il y a équivoque, et la phrase est vicieuse. On ne pourrait pas dire : les modernes ont imité les anciens dans tout ce qu'ils ont de beau ; car on ne sait pas à quoi se rapporte le pronom *ils.* S'il se rapporte aux anciens, on doit dire : les modernes ont imité les anciens dans tout ce que ceux-ci ont de beau. Si c'est aux modernes que le pronom se rapporte, on dira : les modernes dans tout ce qu'ils ont de beau ont imité les anciens.

III. Les pronoms personnels sont employés, de même que les substantifs, en sujet, en régime et en apostrophe ; toi et vous sont les seuls pronoms employés en apostrophe.

IV. Les pronoms personnels, employés comme sujets, se répètent avant tous les verbes qui ont des temps différents : *je travaille et je m'instruirai* ; mais si les verbes sont au même temps, on peut ne pas répéter le sujet : *je travaille et m'instruis.*
Vous, employé pour *tu*, veut le verbe au pluriel, mais l'adjectif suivant reste au singulier : *mon fils, vous serez estimé si vous êtes sage.*

V. Le pronom personnel, régime direct ou indirect, se place aussi avant les verbes : *il me loue* ; ainsi le *trompe* ; excepté dans les phrases qui expriment le commandement : *caressez-le*, etc. — Les pronoms personnels régimes se répètent avant tous les verbes qui ont des régimes différents : *il me parle et il m'aime.*

VI. Le pronom *se* ne s'emploie qu'au singulier ; il se dit des personnes et des choses, au lieu de l'emploie qu'avec un sujet vague et indéterminé, comme *on, chacun*, etc. On doit rarement parler de soi ; chacun songe à soi ; ce n'est que quand on est, c'est être mauvais citoyen.

VII. *Ce*, devant le verbe *être*, veut ce verbe au singulier, excepté quand il est suivi de la troisième personne du pluriel : *c'est moi, c'est toi, c'est lui, c'est nous* ; mais il faut dire : *ce sont eux, ce sont elles.* Il ne faut pas confondre *ce*, pronom démonstratif, avec *se*, adjectif démonstratif ; le premier est toujours joint au verbe *être*, ou suivi des pronoms *qui, que, quoi, dont* ; le second est toujours suivi d'un substantif.

VIII. Le pronom personnel, régime direct ou indirect, se rapporte à un substantif ou un adjectif. Quand il représente un substantif, ou un pronom s'accorde en genre et en nombre avec ce substantif : *Etes-vous la maîtresse? oui, je la suis. Etes-vous les maîtresses? oui, nous les sommes.*
Quand le pronom se tient la place d'un adjectif ou d'un mot pris adjectivement, il est invariable, parce que l'adjectif ne peut communiquer ni le genre, ni le nombre : *Madame, êtes-vous malade? oui, je le suis. Etes-vous prêts? oui, nous le sommes.*
Le pronom *le* est aussi invariable lorsqu'il tient la place du verbe, parce que le verbe, comme l'adjectif, ne peut communiquer ni le genre ni le nombre : *nous devons travailler autant que nous le pouvons.*

IX. *Celui-ci, celle-ci, ceux-ci, celles-ci*, s'emploient pour désigner des objets qui sont proches ; *celui-là, celle-là, ceux-là, celles-là*, indiquent des objets plus éloignés : *Les deux philosophes, Héraclite et Démocrite, étaient d'un caractère bien différent* ; celui-ci riait toujours, celui-là pleurait sans cesse.

Ceci désigne aussi une chose plus proche, cela désigne une chose plus éloignée : *Je n'aime pas ceci, donnez-moi cela.* De même que ici indique le lieu où l'on est, là indique un endroit plus éloigné : *Nous sommes mal ici, allons là.*

X. Les pronoms possessifs doivent toujours se rapporter à un substantif énoncé précédemment ; ce serait une faute de dire : *Je vous ai écrit le cinq du courant, et j'ai reçu la vôtre le dix ;* parce que *la vôtre* ne se rapporte à rien de ce qui précède ; mais il faut dire pour rendre la phrase correcte : *Je vous ai envoyé ma lettre le cinq du courant, et j'ai reçu la vôtre le dix.*

XI. Le pronom relatif qui doit s'accorder, en genre, en nombre et en personne, avec son antécédent ; ainsi dites : *Moi qui suis venu, toi qui es venu, nous qui sommes venus, eux qui sont venus,* etc. Il y a donc une faute dans cette phrase : *C'est moi qui s'intéresse à cet enfant.* Il faut dire : *Il n'y a que moi qui m'intéresse à cet enfant.*

XII. Le pronom relatif *que* s'accorde également avec son antécédent : *Cette histoire est la plus jolie de toutes celles que j'ai lues (lesquelles j'ai lues).*

XIII. *Qui*, régime d'une préposition, ne s'emploie que pour les personnes et les choses personnifiées ; aussi on doit dire : *La personne à qui j'ai confié un secret ;* mais on ne saurait dire : *Les sciences à qui je m'applique*, pour *les sciences auxquelles je m'applique.*

XIV. Le pronom indéfini *on* est ordinairement masculin singulier, comme dans cette phrase : On *n'est pas toujours maître de ses passions* ; il devient féminin quand il s'applique spécialement à une femme : On *cesse d'être jolie, quand on devient vieille.*

XV. *Chacun*, précédé d'un pluriel est tantôt suivi de *son, sa, ses*, tantôt de *leur, leurs.*
Quand on place chacun devant le régime du verbe, on emploie *leur* après chacun : *Auguste et Eugène ont rempli chacun leur devoir ; ils ont rempli chacun dans leur emploi.* Au lieu d'excellence. — Quand on place chacun après le régime du verbe, ou lorsqu'il n'y a point de régime direct, on emploie son, sa, ses : *Auguste et Eugène ont fait des réponses chacun selon son savoir, et ont rempli le premier poste chacun dans sa classe.*

XVI. *Personne* est tantôt pronom indéfini, tantôt substantif. Comme pronom, *personne* est masculin, et il s'emploie avec la négative ne, et avec l'adjectif déterminatif : mais il est toujours précédé de la négative ne, excepté dans les phrases interrogatives : *Personne n'est assez sot pour le faire. Personne est-il assez crédule pour le croire?* Comme substantif, *personne* est féminin, et doit être accompagné de l'article ou d'un adjectif déterminatif : *Quelle est la personne assez sotte pour le faire?* Il n'y a pas une personne assez ignorée pour le croire.

XVII. *L'un et l'autre* demande un pluriel : *L'un et l'autre sont bons.*

IV⁰ leçon. — EXERCICES SUR LE PRONOM.

---

¹ *Pronoms personnels ,* ² *démonstratifs ,* ³ *possessifs ,* ⁴ *relatifs , * ⁵ *indéfinis.* — ⁶ *Soi ;* ⁷ *le ;* ⁸ *celui-ci , celle-ci, celui-là, celle-là.* — ⁹ *Chacun suivi de son, sa , ses ;* ¹⁰ *chacun suivi de leur , leurs.* — ¹¹ *Personne , pronom indéfini, qu'il faut distinguer de personne substantif.*

---

¹ Ceux qui éprouvent le besoin de recourir à Dieu, ne trouvent jamais entre *eux* et *lui* de barrières impénétrables. — Quand *tu* as essayé de la probité d'un homme, et qu'*il* répond à l'idée que *tu* *en* as conçue, ouvre-*lui* ton cœur hardiment. — Faites tout de suite ce que *vous* pouvez faire, le temps ne *s'*arrête pas pour *vous* attendre. — Le vice empoisonne les plaisirs, la modération *les* aiguise, l'innocence *les* épure.

² Les injures sont les raisons de *ceux* qui ont tort. — *Celui* qui ne pense qu'à soi-même dispense les autres de s'occuper de lui. — *Celui* qui fait une injure à quelqu'un est plus à plaindre que *celui* qui la souffre. — Les hommes qui ont le plus vécu ne sont pas *ceux* qui ont compté le plus d'années, mais *ceux* qui ont le mieux usé de *celles* que le Ciel leur a départies.

³ Chacun veut que le bonheur d'autrui ne trouble pas le *sien*, et que la paresse et la cupidité ne viennent point lui enlever le fruit de son travail et de ses peines. — L'imagination d'autrui nous dupe aussi souvent que la *nôtre*.

⁴ Que ceux *qui* combattent la religion apprennent ce *qu'*elle est, avant de la combattre. — Celui *qui* doute et *qui* observe, augmente sa science. — Il y a deux grands traits *qui* peignent le caractère : l'activité à rendre service, *qui* prouve la générosité ; le silence sur les services rendus, *qui* prouve la grandeur d'âme. — *Qu'*est-ce qu'être sage ? c'est bien penser et bien agir. — *Qui* peut ignorer combien il est doux et glorieux de secourir l'innocence et la vertu injustement opprimées ?

⁵ *On* s'imagine toujours qu'*on* a plus de mérite et de perfection qu'*on* n'en a en effet. — L'humble aux ambitieux qu'*on* leur ravit les grâces qu'*on* répand sur les autres. — *On* n'est jamais aussi aisément trompé que lorsqu'*on* songe à tromper les autres.

⁶ Juger les autres avec la dernière rigueur, se pardonner à *soi*-même, voilà deux maladies mortelles qui affligent le genre humain. — On est moins sûr d'avoir le bonheur en courant après, qu'en l'attendant chez *soi*.

⁷ Une femme peut être aimable sans beauté, mais il est bien rare qu'elle *le* soit sans un esprit cultivé. — Je ne suis point sa mère ; mais lors même que je *la* serais, je ne saurais lui être plus attachée que je ne *le* suis. — Les méchants peuvent paraître heureux, mais ne croyez pas qu'ils *le* soient : s'ils ont le sourire sur les lèvres, ils ont la mort dans le cœur. — Êtes-vous la maîtresse de cette maison ? je *la* suis.

⁸ Nous devons préférer des amis trop sévères à des amis trop complaisants : *ceux-là* disent souvent la vérité, tandis que *ceux-ci* la dissimulent presque toujours. — L'opulence et le repos sont à une si grande distance l'un de l'autre, que plus on approche de *celle-là* , plus on s'éloigne de *celui-ci*. — L'homme de bien doit son assistance à l'infortuné qui la réclame, lors même que *celui-ci* est son ennemi.

⁹ La conscience est le jugement intérieur que les hommes portent *chacun* sur *ses* propres actions. — Les hommes ont beau demander conseil, ils en agissent toujours *chacun* selon *sa* fantaisie.

¹⁰ César et Pompée avaient *chacun leur* mérite, mais c'étaient des mérites différents. — Les vertus n'ont qu'un intérêt commun, les passions ont *chacune leur* intérêt particulier. — Ronsard et Balzac avaient, *chacun* dans *leur* genre, assez de mérite pour former après eux un grand écrivain en vers et en prose.

¹¹ *Personne* n'est aussi content de son sort que de soi. — Ne faire de mal à *personne* c'est assurer son repos. — En écoutant les louanges que son mérite lui attire, une *personne* bien née n'a l'air ni fier ni trop étonné. — L'honnête homme ne convoite rien de *personne* , mais il envie l'avantage qu'ont les riches de pouvoir faire des heureux. — On admire les *personnes* d'esprit , mais on n'aime que celles chez qui l'esprit est uni à la bonté.

Nous n'abandonnons rien au hasard ; et nous oserions dire que le Créateur lui a tout abandonné ! — Comment un autre pourra-t-il garder notre secret, si nous ne pouvons le garder nous-mêmes ? — Il n'y a que la vertu qui nous élève au-dessus de nous-mêmes. — Une âme honnête, si elle a des torts, ne saurait être en paix avec elle-même, avant qu'ils ne soient réparés.

Ceux qui se flattent de faire envie font souvent pitié. — Celui qui éclaire ses semblables est un bon citoyen. — Celui qui n'a aucune vertu envie toujours celles des autres. — Ce qui soutient l'homme au milieu des plus grands revers, c'est l'espérance. — L'absence qui sépare ceux qui vivent de ceux qui ne vivent plus, est trop courte pour que nous nous plaignions de sa durée.

Sans la raison que fait-on de l'esprit ? le malheur des autres et le sien. — Trop souvent on croit voir l'opinion publique dans le sien. — Votre place vous honore ; moi, je veux honorer la mienne.

Il ne peut y avoir d'assurance en celui qui ment. — Je définis ainsi la médisance : une pente secrète de l'âme à penser mal de tous les hommes, qui se manifeste par les paroles. — Les choses, dont nous nous soucions le moins, sont souvent celles qui contribuent le plus à notre bonheur. — Qui peut lire l'Evangile, sans en trouver la morale sublime ? — Quel cœur assez barbare pourrait ne pas avoir de plaisir à soulager les peines des malheureux ?

Quiconque s'écarte de la sagesse s'éloigne du seul bonheur où l'homme puisse prétendre sur la terre. — On n'amasse les richesses qu'avec peine ; on ne les possède qu'avec inquiétude ; on ne les quitte qu'avec regret. — Chacun dit du bien de son cœur, et personne n'ose en dire de son esprit.

Tromper les autres, c'est s'exposer à être trompé soi-même. — Quiconque accuse trop les hommes s'accuse soi-même. — Être trop mécontent de soi est une faiblesse ; être trop content de soi est une sottise.

Vous n'êtes pas ma fille, mais lors même que vous le seriez, je ne prendrais pas un intérêt plus vif à votre bonheur. — Êtes-vous maîtres de vos actions ? nous le sommes. — La terre, naturellement fertile, le serait bien davantage, si elle était mieux cultivée. — Mesdames, êtes-vous contentes de ce discours ? oui , nous le sommes infiniment.

Il y a cette différence entre les grands et les statues hautplacées, que celles-ci grandissent lorsqu'on en approche, et que celles-là s'apetissent. — Ce sont les sentiments de l'âme qui déterminent les actions du corps ; et d'après celles-ci, qu'on voit, on peut juger de ceux-là, qu'on ne voit pas. — Tel est l'avantage qu'ont les talents sur la beauté : celle-ci n'a qu'un temps pour plaire ; ceux-là plaisent dans tous les temps.

Corneille et Molière se sont illustrés chacun dans son genre. — Quel tribut d'admiration ne devons-nous pas aux Bossuet, aux Racine, qui ont contribué si puissamment à la gloire de la France, chacun par ses ouvrages immortels !

La nature assigne un départi des talents divers aux hommes, pour leur donner à chacun leur emploi. — Les abeilles, dans un lieu donné, bâtissent chacune leur cellule. — Ils conviennent ensemble de tenir, chacun à leur tour, les rênes du gouvernement pendant une année.

Personne n'est parfaitement heureux, à moins qu'il n'ait ceux qu'il aime pour témoins de son bonheur. — Il n'est personne qui ne soit exposé à avoir des ennemis. — Les personnes sensibles ont en elles les semences de tous les sentiments généreux. — Ceux à qui tout le monde convient ne conviennent ordinairement à personne. — Les personnes consommées dans la vertu ont une droiture d'esprit qui les empêche d'être médisantes.

Vᵉ ESPÈCE DE MOTS. — VERBE.

VERBE.

Le *verbe* est un mot qui exprime l'affirmation; il n'y a qu'un verbe, qui est le verbe *être*. Sous sa forme simple, on l'appelle

Verbe substantif.

Le régime est le mot qui dépend et qui est amené par le verbe ou par un autre mot.

Verbe adjectif.

Lorsque le verbe *être* se présente sous une forme composée, on l'appelle verbe *adjectif.* Il y a à cinq espèces de verbes adjectifs.

- Le verbe actif marque une action faite par le sujet, et a un régime direct.
- Le verbe passif marque une action reçue, soufferte par le sujet, et il a un régime direct.
- Le verbe neutre marque une action faite par le sujet, mais il n'a pas de régime direct.
- Le verbe pronominal se conjugue avec deux pronoms de la même personne.
- Le verbe impersonnel ne s'emploie qu'à la 3ᵉ personne du singulier.

Modifications du Verbe.

Nombres.

Ils indiquent l'unité ou la pluralité. Il y a deux nombres:

- Le singulier, quand on parle d'une seule personne.
- Le pluriel, quand on parle de plusieurs personnes.

Personnes.

Les personnes sont des terminaisons qui indiquent si le sujet du verbe est à la 1ʳᵉ, à la 2ᵉ ou à la 3ᵉ personne. Il y en a

- La première personne est celle qui parle.
- La seconde personne est celle à qui l'on parle.
- La troisième personne est celle de qui l'on parle.

Modes.

On appelle modes les différentes manières d'exprimer l'affirmation. Il y en a cinq:

- L'indicatif affirme d'une manière positive et absolue.
- Le conditionnel affirme avec l'idée de la condition.
- L'impératif affirme avec l'idée du commandement.
- Le subjonctif affirme d'une manière subordonnée à un autre verbe qui précède et qui le dépend.
- L'infinitif affirme sans nombres ni personnes.

Temps.

Les temps sont les différentes formes que prend le verbe pour indiquer que la chose qu'il exprime est, a été, ou sera. Il y en a trois:

- Le présent.
- Le passé.
- Le futur.

Le *VERBE* est un mot qui exprime l'affirmation; ainsi quand on dit: *Dieu est puissant,* on affirme que la qualité de *puissant* convient à *Dieu,* et le mot *est,* qui sert à faire cette affirmation, est un verbe.

Il n'y a qu'un verbe, qui est le verbe *être,* parce que seul il exprime l'affirmation: *étudier, chanter, écrire, dormir,* ne sont des verbes que parce qu'ils renferment en eux le verbe *être;* car *étudier,* c'est être étudiant; *chanter,* c'est être chantant; *écrire,* c'est être écrivant; *dormir,* c'est être dormant.

Lorsque le verbe *être* est employé sous sa forme *simple,* sous la forme qui lui est particulière, comme *je suis, j'étais, je serai,* on le nomme *verbe substantif,* car alors il subsiste par lui-même.

VERBES ADJECTIFS. — Lorsque le verbe *être* est employé sous une forme *composée,* c'est-à-dire, réunissant une qualité qui a rapport à une action ou à un état, on le nomme verbe *adjectif. Aimer, lire, courir, rendre,* etc., sont des verbes *adjectifs.* Il y en a cinq espèces: le verbe *passif,* le verbe *neutre,* le verbe *pronominal* et le verbe *impersonnel.*

Le verbe *actif* marque une action faite par le sujet et a un régime direct, comme *Mélanie instruit son frère; je bâtis une maison.* On reconnaît qu'un verbe est actif, quand après ce verbe on peut mettre *quelqu'un* ou *quelque chose;* ainsi *instruire, bâtir* sont des verbes actifs, parce qu'on peut dire *j'instruis quelqu'un, je bâtis quelque chose.*

Le verbe *passif* marque une action reçue ou soufferte par le sujet; il se forme du verbe actif, dont on prend le régime direct pour en faire le sujet, en ajoutant après le verbe *par* ou *de.* Exemples: *j'aime mon père;* pour former le passif, dites: *mon père est aimé de moi. Le soleil échauffe la terre,* dites: *la terre est échauffée par le soleil.*

Le verbe *neutre* marque, de même que le verbe actif, une action faite par le sujet, mais il n'a pas de régime direct; comme *je vais à la campagne, je tombe par terre.* On reconnaît qu'un verbe est neutre, quand après ce verbe on ne peut pas mettre *quelqu'un* ou *quelque chose;* ainsi *aller, tomber,* sont des verbes neutres, parce qu'on ne peut pas dire *je vais quelqu'un, je tombe quelque chose.*

Le verbe *pronominal* se conjugue avec deux pronoms de la même personne, comme *je me, tu te, il se, nous nous, vous vous, ils se.* Exemples: *je me loue, tu te bats, il se repose.*

Le verbe *impersonnel* est un verbe qui s'emploie, dans tous les temps, qu'à la troisième personne du singulier; son sujet est toujours le pronom *il,* qui ne peut être remplacé par le mot *quelqu'un* ou *quelque chose,* comme *il tonne, il pleut, il neige.*

Les verbes ont un *sujet* et un *régime.*

SUJET. — Le *sujet* d'un verbe est la personne ou la chose qui fait ou qui reçoit l'action désignée par le verbe, ou qui se trouve dans l'état affirmé par ce verbe. On connaît le sujet en mettant devant le verbe *qui est-ce qui?* la réponse indique le sujet. Exemples: *Ernest aime son père. Qui est-ce qui aime son père?* réponse: *Ernest. Ernest* est donc le sujet du verbe *aimer. Le soleil est brillant. Qu'est-ce qui est brillant?* réponse: *le soleil. Soleil* est le sujet du verbe *être.*

RÉGIME. — On appelle *régime* le mot qui dépend immédiatement d'un autre mot et qui sert à en compléter la signification.

Le régime d'un verbe est la personne ou la chose qui reçoit directement ou indirectement l'action exprimée par ce verbe. Il y a deux régimes, le régime *direct* ou *simple,* et le régime *indirect* ou *composé.*

Le régime *direct* complète la signification du verbe, sans le secours d'un autre mot. On connaît le régime direct en mettant, après le verbe, *qui* pour les personnes, et *quoi* pour les choses; la réponse à cette question indique le régime. Exemples: *j'évite les méchants. J'évite qui?* réponse: *les méchants. Méchants* est le régime direct du verbe *éviter. Je vois un arbre. Je vois quoi?* réponse: *un arbre. Arbre* est le régime direct du verbe *voir.*

Le régime *indirect* est celui qui complète la signification du verbe, à l'aide de certains mots, qu'on appelle *prépositions;* tels sont: *à, de, avec, par,* etc. On connaît le régime indirect, en mettant après le verbe une des questions *à qui, à quoi, de qui, de quoi, où, d'où, par qui ou par quoi.* Le mot de la phrase qui répond à l'une de ces questions est le régime indirect du verbe. Exemple: *j'écris une lettre à mon frère. J'écris à qui?* réponse: *à mon frère;* donc *à mon frère* est le régime indirect du verbe *écrire.*

MODIFICATIONS. — Il y a quatre modifications dans les verbes: les *nombres,* les *personnes,* les *modes* et les *temps.*

NOMBRES. — Les *nombres* indiquent l'unité ou la pluralité. Il y a deux nombres dans les verbes; le *singulier,* quand on parle d'une seule personne: *je travaille, tu travailles, il travaille;* le *pluriel,* quand on parle de plusieurs personnes: *nous travaillons, vous travaillez, ils travaillent.*

PERSONNES. — Les *personnes* sont des terminaisons qui indiquent si le sujet du verbe est à la 1ʳᵉ, à la 2ᵉ ou à la 3ᵉ personne. Il y en a trois: les pronoms *je, nous,* marquent la 1ʳᵉ personne, celle qui parle; *tu, vous,* marquent la 2ᵉ personne, celle à qui l'on parle; *il, elle, ils, elles,* et tout nom placé devant un verbe, marquent la 3ᵉ personne, celle de qui l'on parle.

MODES. — On appelle *modes* les différentes manières d'exprimer l'affirmation désignée par le verbe.

Il y a cinq modes: l'*indicatif,* le *conditionnel,* l'*impératif,* le *subjonctif,* et l'*infinitif.*

L'*indicatif* est la manière d'indiquer avec affirmation une chose qui est, ou qu'elle a été ou qu'elle sera, comme *je lis, je lisais, je lirai.*

Le *conditionnel* est la manière d'indiquer avec affirmation qu'une chose serait, ou qu'elle aurait été moyennant une condition, comme *je lirais, j'aurais lu.*

L'*impératif* présente l'affirmation sous l'idée du commandement, de la prière, de la défense ou de l'exhortation, comme *lis, lisez, ne lisez pas.* Ce mode n'a qu'un seul temps.

Le *subjonctif* est la manière d'indiquer, avec affirmation, une chose qui est ou désirée, ou crainte, ou incertaine, comme *que je lise, que j'aie lu.*

L'*infinitif* présente l'affirmation, d'une manière vague, sans nombres ni personnes, comme *il est agréable de lire.*

TEMPS. — Les *temps* sont des terminaisons qui indiquent, dans les verbes, si l'action ou l'état qu'ils affirment est, a été, ou sera; ainsi il n'y a que trois temps: le *présent,* le *passé* et le *futur.* On connaît que le verbe est au présent, quand on peut y ajouter *présentement, aujourd'hui.*

Le *passé* affirme que la chose a été faite antérieurement au moment où l'on parle, comme *j'étudiais, j'ai étudié.* On connaît que le verbe est au passé quand on peut y ajouter *hier.* On distingue cinq sortes de passé: l'*imparfait,* le *passé défini,* le *passé indéfini,* le *passé antérieur* et le *plus-que-parfait.*

Le *futur* affirme une action à venir, comme *j'étudierai, j'aurai étudié.* On connaît que le verbe est au futur quand on peut y ajouter *demain.* Il y a deux futurs, le *futur simple* et le *futur passé* ou *antérieur.*

Quoiqu'il n'y ait réellement que trois temps dans les verbes, on en distingue plusieurs autres, qui sont *simples* ou *composés.*

Les temps *simples* sont ceux qui n'empruntent pas un des temps du verbe *être,* comme *je chante, je chantais, je chantai.*

Les temps *composés* sont ceux qui se conjuguent avec le secours des verbes *avoir* et *être,* qui sont appelés pour cela *verbes auxiliaires.* Exemple: *j'ai mangé, j'avais mangé, je serais venu.*

REMARQUES. — Le verbe auxiliaire *avoir* est employé dans les temps composés: 1° des verbes actifs: *j'ai aimé, j'ai lu;* 2° de la plupart des verbes neutres: *j'ai couru, j'ai nui;* 3° de certains verbes impersonnels: *il a neigé.*

Le verbe auxiliaire *être* est employé dans les temps composés: 1° des verbes passifs: *je suis aimé, je suis reçu;* 2° du plus grand nombre des verbes impersonnels: *il est résulté, il est survenu,* et de certains verbes neutres: *je suis venu, il est parti;* 3° des verbes pronominaux: *je me suis aperçu, nous nous sommes aperçus.*

IIIᵉ leçon. — CONJUGAISONS.

Ecrire ou réciter un verbe, avec tous les modes, les temps, les nombres et les personnes, c'est ce qu'on appelle conjuguer. Il y a quatre conjugaisons que l'on distingue par la terminaison de l'infinitif.

MODES.	TEMPS.	NOMBRES.	PERSONNES.	VERBES AUXILIAIRES avoir.	être.	1ʳᵉ CONJUGAISON. Infinitif terminé en er.	2ᵉ CONJUGAISON. Infinitif terminé en ir.	3ᵉ CONJUGAISON. Infinitif terminé en oir.	4ᵉ CONJUGAISON. Infinitif terminé en re.	Observations.
INDICATIF	PRÉSENT	Singulier.	Je / Tu / Il ou elle	ai. / as. / a.	suis. / es. / est.	aim e. / es. / e.	fin is. / is. / it.	reç ois. / ois. / oit.	rend s. / s.	Les verbes auxiliaires avoir et être étant souvent employés, on a cru, pour en faciliter l'intelligence, devoir les séparer des quatre conjugaisons dont ils font partie.
		Pluriel.	Nous / Vous / Ils ou elles	avons. / avez. / ont.	sommes. / êtes. / sont.	ons. / ez. / ent.	issons. / issez. / issent.	evons. / evez. / oivent.	ons. / ez. / ent.	Devant un verbe qui commence par une voyelle, le pronom je est élidé, c'est-à-dire que e dans je est remplacé par une apostrophe.
	IMPARFAIT	Singulier.	Je / Tu / Il ou elle	avais. / avais. / avait.	étais. / étais. / était.	aim ais. / ais. / ait.	fin issais. / issais. / issait.	rec evais. / evais. / evait.	rend ais. / ais. / ait.	
		Pluriel.	Nous / Vous / Ils ou elles	avions. / aviez. / avaient.	étions. / étiez. / étaient.	ions. / iez. / aient.	issions. / issiez. / issaient.	evions. / eviez. / evaient.	ions. / iez. / aient.	
	PASSÉ DÉFINI	Singulier.	Je / Tu / Il ou elle	eus. / eus. / eut.	fus. / fus. / fut.	aim ai. / as. / a.	fin is. / is. / it.	reç us. / us. / ut.	rend is. / is. / it.	
		Pluriel.	Nous / Vous / Ils ou elles	eûmes. / eûtes. / eurent.	fûmes. / fûtes. / furent.	âmes. / âtes. / èrent.	îmes. / îtes. / irent.	ûmes. / ûtes. / urent.	îmes. / îtes. / irent.	Passé rarement employé : J'ai aimé.
	PASSÉ INDÉFINI	Singulier.	Je / Tu / Il ou elle	ai eu. / as / a	ai été. / as / a	ai aimé. / as / a	ai fini. / as / a	ai reçu. / as / a	ai rendu. / as / a	Tu as aimé. Il a aimé. Nous avons aimé.
		Pluriel.	Nous / Vous / Ils ou elles	avons / avez / ont	avons / avez / ont	avons / avez / ont	avons / avez / ont	avons / avez / ont	avons / avez / ont	Vous avez aimé. Ils ont aimé.
	PASSÉ ANTÉRIEUR	Singulier.	Je / Tu / Il ou elle	eus eu. / eus / eut	eus été. / eus / eut	eus aimé. / eus / eut	eus fini. / eus / eut	eus reçu. / eus / eut	eus rendu. / eus / eut	
		Pluriel.	Nous / Vous / Ils ou elles	eûmes / eûtes / eurent	eûmes / eûtes / eurent	eûmes / eûtes / eurent	eûmes / eûtes / eurent	eûmes / eûtes / eurent	eûmes / eûtes / eurent	
	PLUSQUE-PARFAIT	Singulier.	Je / Tu / Il ou elle	avais eu. / avais / avait	avais été. / avais / avait	avais aimé. / avais / avait	avais fini. / avais / avait	avais reçu. / avais / avait	avais rendu. / avais / avait	
		Pluriel.	Nous / Vous / Ils ou elles	avions / aviez / avaient	avions / aviez / avaient	avions / aviez / avaient	avions / aviez / avaient	avions / aviez / avaient	avions / aviez / avaient	
	FUTUR	Singulier.	Je / Tu / Il ou elle	aurai. / auras. / aura.	serai. / seras. / sera.	aim erai. / eras. / era.	fin irai. / iras. / ira.	rec evrai. / evras. / evra.	rend rai. / ras. / ra.	
		Pluriel.	Nous / Vous / Ils ou elles	aurons. / aurez. / auront.	serons. / serez. / seront.	erons. / erez. / eront.	irons. / irez. / iront.	evrons. / evrez. / evront.	rons. / rez. / ront.	
	FUTUR ANTÉRIEUR	Singulier.	Je / Tu / Il ou elle	aurai eu. / auras / aura	aurai été. / auras / aura	aurai aimé. / auras / aura	aurai fini. / auras / aura	aurai reçu. / auras / aura	aurai rendu. / auras / aura	
		Pluriel.	Nous / Vous / Ils ou elles	aurons / aurez / auront	aurons / aurez / auront	aurons / aurez / auront	aurons / aurez / auront	aurons / aurez / auront	aurons / aurez / auront	
CONDITIONNEL	PRÉSENT	Singulier.	Je / Tu / Il ou elle	aurais. / aurais. / aurait.	serais. / serais. / serait.	aim erais. / erais. / erait.	fin irais. / irais. / irait.	rec evrais. / evrais. / evrait.	rend rais. / rais. / rait.	Il y a un second conditionnel passé, c'est : J'eusse aimé.
		Pluriel.	Nous / Vous / Ils ou elles	aurions. / auriez. / auraient.	serions. / seriez. / seraient.	erions. / eriez. / eraient.	irions. / iriez. / iraient.	evrions. / evriez. / evraient.	rions. / riez. / raient.	Tu eusses aimé. Il eût aimé.
	PASSÉ	Singulier.	Je / Tu / Il ou elle	aurais eu. / aurais / aurait	aurais été. / aurais / aurait	aurais aimé. / aurais / aurait	aurais fini. / aurais / aurait	aurais reçu. / aurais / aurait	aurais rendu. / aurais / aurait	Nous eussions aimé. Vous eussiez aimé.
		Pluriel.	Nous / Vous / Ils ou elles	aurions / auriez / auraient	aurions / auriez / auraient	aurions / auriez / auraient	aurions / auriez / auraient	aurions / auriez / auraient	aurions / auriez / auraient	Ils eussent aimé.
IMPÉRATIF		Singulier. / Pluriel.		aie. / ayons. / ayez.	sois. / soyons. / soyez.	aim e. / ons. / ez.	fin is. / issons. / issez.	reç ois. / evons. / evez.	rend s. / ons. / ez.	L'impératif n'a point de première personne au singulier, parce qu'on ne peut se commander. Quelques grammairiens admettent une troisième personne au singulier et au pluriel.
SUBJONCTIF	PRÉSENT OU FUTUR	Singulier.	Que je / Que tu / Qu'il	sois. / sois. / soit.	aim e. / es. / e.	fin isse. / isses. / isse.	reç oive. / oives. / oive.	rend e. / es. / e.		
		Pluriel.	Que nous / Que vous / Qu'ils	ayons / ayez / aient	soyons / soyez / soient	ions / iez / ent	issions / issiez / issent	evions / eviez / oivent	ions / iez / ent	
	IMPARFAIT	Singulier.	Que je / Que tu / Qu'il	eusse. / eusses. / eût.	fusse. / fusses. / fût.	aim asse. / asses. / ât.	fin isse. / isses. / ît.	reç usse. / usses. / ût.	rend isse. / isses. / ît.	
		Pluriel.	Que nous / Que vous / Qu'ils	eussions / eussiez / eussent	fussions / fussiez / fussent	assions / assiez / assent	issions / issiez / issent	ussions / ussiez / ussent	issions / issiez / issent	
	PASSÉ	Singulier.	Que je / Que tu / Qu'il	aie eu. / aies / ait	aie été. / aies / ait	aie aimé. / aies / ait	aie fini. / aies / ait	aie reçu. / aies / ait	aie rendu. / aies / ait	
		Pluriel.	Que nous / Que vous / Qu'ils	ayons / ayez / aient	ayons / ayez / aient	ayons / ayez / aient	ayons / ayez / aient	ayons / ayez / aient	ayons / ayez / aient	
	PLUSQUE-PARFAIT	Singulier.	Que je / Que tu / Qu'il	eusse eu. / eusses / eût	eusse été. / eusses / eût	eusse aimé. / eusses / eût	eusse fini. / eusses / eût	eusse reçu. / eusses / eût	eusse rendu. / eusses / eût	L'indicatif, le conditionnel, l'impératif et le subjonctif, sont appelés modes personnels; l'infinitif seul est appelé mode impersonnel.
		Pluriel.	Que nous / Que vous / Qu'ils	eussions / eussiez / eussent	eussions / eussiez / eussent	eussions / eussiez / eussent	eussions / eussiez / eussent	eussions / eussiez / eussent	eussions / eussiez / eussent	
INFINITIF	PRÉSENT			avoir.	être.	aimer.	finir.	recevoir.	rendre.	
	PASSÉ			avoir eu.	avoir été.	avoir aimé.	avoir fini.	avoir reçu.	avoir rendu.	
	PARTICIPE PRÉSENT			ayant.	étant.	aimant.	finissant.	recevant.	rendant.	
	PARTICIPE PASSÉ			eu, eue.	été.	aimé, aimée.	fini, finie.	reçu, reçue.	rendu, rendue.	

SUITE DU VERBE. — **FORMATION DES TEMPS.**

IVᵉ leçon. — TABLEAU ANALYTIQUE.

TEMPS PRIMITIFS.

Les *temps primitifs* sont ceux qui servent à former tous les autres; il y en a cinq.

- Le présent de l'infinitif forme.
- Le participe présent forme.
- Le participe passé forme.
- Le présent de l'indicatif forme.
- Le passé défini forme.

- Le futur simple.
- Les trois personnes plurielles du présent de l'indicatif.
- Le passé indéfini.
- L'impératif.
- L'imparfait du subjonctif.

- Le conditionnel présent.
- L'imparfait de l'indicatif.
- Le passé antérieur.

- Le présent du subjonctif.
- Le plusque-parfait de l'indicatif.

- Le futur antérieur.

- Le conditionnel passé.

- Le passé du subjonctif.

- Le plusque-parfait du subjonctif.

Vᵉ leçon. — RÈGLES DE LA DÉRIVATION DES TEMPS.

TEMPS PRIMITIFS. — Tous les temps d'un verbe se forment de cinq temps principaux qu'on appelle *temps primitifs*, qui sont : le *présent de l'infinitif*, le *participe présent*, le *participe passé*, le *présent de l'indicatif* et le *passé défini*.

On appelle *temps dérivés* ceux qui sont formés des temps primitifs.

Il est indispensable, pour bien conjuguer un verbe, de connaître les temps primitifs, et la manière dont ils forment les temps dérivés.

PRÉSENT DE L'INFINITIF. — Le *présent de l'infinitif* forme deux temps :

1° Le *futur simple*, en ajoutant *ai* à l'infinitif des verbes de la première et de la seconde conjugaison : *aimer, j'aimerai*; *finir, je finirai*; en changeant *oir* en *rai* à l'infinitif de la troisième conjugaison : *recevoir, je recevrai*; et en changeant *re* en *rai* à l'infinitif de la quatrième conjugaison : *rendre, je rendrai*.

2° Le *conditionnel présent*, en ajoutant *ais* à l'infinitif des verbes de la première et de la seconde conjugaison : *aimer, j'aimerais*; *finir, je finirais*; en changeant *oir* en *rais* à l'infinitif de la troisième conjugaison : *recevoir, je recevrais*; et en changeant *re* en *rais* à l'infinitif de la quatrième conjugaison : *rendre, je rendrais*.

PARTICIPE PRÉSENT. — Le *participe présent* forme trois temps :

1° Les trois personnes plurielles du *présent de l'indicatif*, en changeant *ant* en *ons, ez, ent* : *aimant, nous aimons, vous aimez, ils aiment*; *finissant, nous finissons, vous finissez, ils finissent*; *valant, nous valons, vous valez, ils valent*; *rendant, nous rendons, vous rendez, ils rendent*.

Les verbes de la troisième conjugaison en *evoir*, comme *recevoir, apercevoir*, changent *evant* en *oivent* à la troisième personne du pluriel : *recevant, ils reçoivent; apercevant, ils aperçoivent*.

2° L'*imparfait de l'indicatif*, en changeant *ant* en *ais* : *aimant, j'aimais*; *finissant, je finissais*; *recevant, je recevais*; *rendant, je rendais*.

3° Le *présent du subjonctif*, en changeant *ant* en *e* : *aimant, que j'aime*; *finissant, que je finisse*; *sachant, que je sache*; *rendant, que je rende*.

Les verbes de la troisième conjugaison en *evoir*, comme *recevoir, apercevoir*, changent *evant* en *oive* : *recevant, que je reçoive; apercevant, que j'aperçoive*.

PARTICIPE PASSÉ. — Le *participe passé* forme tous les temps composés, en y ajoutant les différents temps du verbe *avoir* ou du verbe *être* :

	AVOIR.		ÊTRE.	
1° Le passé indéfini :	J'ai aimé,	j'ai fini,	je suis tombé,	je suis sorti.
2° Le passé antérieur :	J'eus aimé,	j'eus fini,	je fus tombé,	je fus sorti.
3° Le plusq.-parf. de l'ind.:	J'avais aimé,	j'avais fini,	j'étais tombé,	j'étais sorti.
4° Le futur antérieur :	J'aurai aimé,	j'aurai fini,	je serai tombé,	je serai sorti.
5° Le conditionnel passé :	J'aurais aimé,	j'aurais fini,	je serais tombé,	je serais sorti.
6° Le passé du subjonctif :	Que j'aie aimé,	que j'aie fini,	que je sois tombé,	que je sois sorti.
7° Le plusq.-parf. du subj.:	Que j'eusse aimé,	que j'eusse fini,	que je fusse tombé,	que je fusse sorti.

PRÉSENT DE L'INDICATIF. — Le *présent de l'indicatif* forme l'*impératif*, en supprimant les pronoms qui servent de sujet : *j'aime*, impératif *aime*; *nous aimons*, impératif *aimons*; *vous aimez*, impératif *aimez*; *je finis*, impératif *finis*; *nous finissons*, impératif *finissons*; *vous finissez*, impératif *finissez*.

PASSÉ DÉFINI. — Le *passé défini* forme l'*imparfait du subjonctif*, en changeant *ai* en *asse*, pour la première conjugaison : *j'aimai, que j'aimasse*; et en ajoutant *se* pour les trois autres conjugaisons : *je finis, que je finisse; je reçus, que je reçusse; je rendis, que je rendisse*.

SUITE DU VERBE. = VIᵉ leçon. — VERBES IRRÉGULIERS.

On appelle verbes irréguliers ceux qui ne suivent pas toujours la règle générale des conjugaisons. — On appelle verbes défectifs ceux qu'on n'emploie pas à certains temps et à certaines personnes. — Lorsqu'un temps primitif manque, tous les temps qui en dérivent manquent également.

TEMPS PRIMITIFS.					VERBES
PRÉSENT de L'INFINITIF.	PARTICIPE PRÉSENT.	PARTICIPE PASSÉ.	PRÉSENT de L'INDICATIF.	PASSÉ DÉFINI.	Qui ne suivent pas la règle générale dans la formation de leurs temps dérivés, soit dans quelques-uns de ces temps, soit seulement dans quelques personnes.
					Nota. *Le caractère italique distingue les personnes formées régulièrement de celles qui ne le sont pas.*
PREMIÈRE CONJUGAISON.					
Aller	Allant	Allé	Je vais	J'allai	*Présent de l'indicatif.* Je vais, tu vas, il va, nous allons, vous allez, ils vont. — *Futur.* J'irai, tu iras, etc. — *Conditionnel.* J'irais, tu irais, etc. — *Impératif.* Va, allons, allez. — *Présent du subjonctif.* Que j'aille, que tu ailles, qu'il aille, que nous allions, que vous alliez, qu'ils aillent.
Envoyer	Envoyant	Envoyé	J'envoie	J'envoyai	*Futur.* J'enverrai, tu enverras, etc. — *Conditionnel.* J'enverrais, tu enverrais, etc.
SECONDE CONJUGAISON.					
Acquérir	Acquérant	Acquis	J'acquiers	J'acquis	*Prés. de l'ind.* J'acquiers, tu acquiers, il acquiert, nous acquérons, vous acquérez, ils acquièrent. — *Fut.* J'acquerrai, tu acquerras, etc. — *Cond.* J'acquerrais, tu acquerrais, etc. — *Prés. du subj.* Que j'acquière, que tu acquières, qu'il acquière, que nous acquérions, que vous acquériez, qu'ils acquièrent.
Bouillir	Bouillant	Bouilli	Je bous	Je bouillis	
Courir	Courant	Couru	Je cours	Je courus	*Futur.* Je courrai, tu courras, etc. — *Conditionnel.* Je courrais, tu courrais, etc.
Cueillir	Cueillant	Cueilli	Je cueille	Je cueillis	*Futur.* Je cueillerai, tu cueilleras, etc. — *Conditionnel.* Je cueillerais, tu cueillerais, etc.
Dormir	Dormant	Dormi	Je dors	Je dormis	
Faillir	Faillant	Failli	Je faux	Je faillis	
Fuir	Fuyant	Fui	Je fuis	Je fuis	
Mentir	Mentant	Menti	Je mens	Je mentis	
Mourir	Mourant	Mort	Je meurs	Je mourus	*Fut.* Je mourrai, tu mourras, etc.— *Cond.* Je mourrais, tu mourrais, etc.— *Prés. du subj.* Que je meure, que tu meures, qu'il meure, que nous mourions, que vous mouriez, qu'ils meurent.
Offrir	Offrant	Offert	J'offre	J'offris	
Ouvrir	Ouvrant	Ouvert	J'ouvre	J'ouvris	
Partir	Partant	Parti	Je pars	Je partis	
Sentir	Sentant	Senti	Je sens	Je sentis	
Sortir	Sortant	Sorti	Je sors	Je sortis	
Tenir	Tenant	Tenu	Je tiens	Je tins	*Prés. de l'ind.* Je tiens, tu tiens, il tient, nous tenons, vous tenez, ils tiennent. — *Fut.* Je tiendrai, tu tiendras, etc. — *Pr. du subj.* Que je tienne, que tu tiennes, qu'il tienne, que nous tenions, que vous teniez, qu'ils tiennent.
Tressaillir	Tressaillant	Tressailli	Je tressaille	Je tressaillis	*Futur.* Je tressaillerai, etc. — *Conditionnel.* Je tressaillerais, etc.
Venir	Venant	Venu	Je viens	Je vins	*Prés. de l'ind.* Je viens, tu viens, il vient, nous venons, vous venez, ils viennent. — *Fut.* Je viendrai, tu viendras, etc. — *Cond.* Je viendrais, tu viendrais, etc. — *Prés. du subj.* Que je vienne, que tu viennes, qu'il vienne, que nous venions, que vous veniez, qu'ils viennent.
Vêtir	Vêtant	Vêtu	Je vêts	Je vêtis	
TROISIÈME CONJUGAISON.					
Choir					
Déchoir		Déchu	Je déchois	Je déchus	*Futur.* Je décherrai, tu décherras, etc. — *Conditionnel.* Je décherrais, tu décherrais, etc.
Échoir	Échéant	Échu	J'échois	J'échus	*Futur.* J'écherrai, tu écherras, etc. — *Conditionnel.* J'écherrais, etc.
Falloir		Fallu	Il faut	Il fallut	*Futur.* Il faudra. — *Cond.* Il faudrait. — *Prés. du sub.* Qu'il faille (quoiqu'il n'y ait pas de participe présent).
Mouvoir	Mouvant	Mû	Je meus	Je mus	*Présent de l'indicatif.* Je meus, tu meus, il meut, nous mouvons, vous mouvez, ils meuvent. — *Prés. du subj.* Que je meuve, que tu meuves, qu'il meuve, que nous mouvions, que vous mouviez, qu'ils meuvent.
Pleuvoir	Pleuvant	Plu	Il pleut	Il plut	
Pourvoir	Pourvoyant	Pourvu	Je pourvois	Je pourvus	
Pouvoir	Pouvant	Pu	Je peux ou je puis	Je pus	*Prés. de l'indic.* Je peux ou je puis, tu peux, il peut, nous pouvons, vous pouvez, ils peuvent. — *Fut.* Je pourrai, tu pourras, etc. — *Cond.* Je pourrais, tu pourrais, etc. — *Prés. du subj.* Que je puisse, que tu puisses, etc.
Prévaloir	Prévalant	Prévalu	Je prévaux	Je prévalus	(Se conjugue en tout comme *valoir*, excepté au présent du subjonctif où il fait régulièrement, que je prévale, que tu prévales, qu'il prévale, que nous prévalions, que vous prévaliez, qu'ils prévalent.)
S'asseoir	S'asseyant	Assis	Je m'assieds	Je m'assis	*Prés. de l'ind.* Je m'assieds, tu t'assieds, il s'assied, nous nous asseyons, vous vous asseyez, ils s'asseient. — *Futur.* Je m'assiérai, etc. Ou dit aussi : je m'asséierai, tu t'asséieras, etc. — *Conditionnel.* Je m'assiérais, tu t'assiérais, etc. On dit aussi : je m'asséierais.
Savoir	Sachant	Su	Je sais	Je sus	*Prés. de l'ind.* Je sais, tu sais, il sait, nous savons, vous savez, ils savent. — *Imp.* Je savais, tu savais, etc. — *Fut.* Je saurai, tu sauras, etc. — *Cond.* Je saurais, tu saurais, etc. — *Imp.* Sache, sachons, sachez, etc.
Valoir	Valant	Valu	Je vaux	Je valus	*Futur.* Je vaudrai, tu vaudras, etc. — *Conditionnel.* Je vaudrais, tu vaudrais, etc. Point d'impératif. — *Présent du subjonctif.* Que je vaille, que tu vailles, qu'il vaille, que nous valions, que vous valiez, qu'ils vaillent.
Voir	Voyant	Vu	Je vois	Je vis	*Futur.* Je verrai, tu verras, etc. — *Conditionnel.* Je verrais, tu verrais, etc.
Vouloir	Voulant	Voulu	Je veux	Je voulus	*Présent de l'indicatif.* Je veux, tu veux, il veut, nous voulons, vous voulez, ils veulent. — *Futur.* Je voudrai, tu voudras, etc. — *Conditionnel.* Je voudrais, tu voudrais, etc. Point d'impératif. — *Présent du subjonctif.* Que je veuille, que tu veuilles, qu'il veuille, que nous voulions, que vous vouliez, qu'ils veuillent.
QUATRIÈME CONJUGAISON.					
Absoudre	Absolvant	Absous(absoute)	J'absous	Je battis	
Battre	Battant	Battu	Je bats		
Boire	Buvant	Bu	Je bois	Je bus	*Prés. de l'ind.* Je bois, tu bois, il boit, nous buvons, vous buvez, ils boivent. — *Prés. du subj.* Que je boive, que tu boives, qu'il boive, que nous buvions, que vous buviez, qu'ils boivent.
Braire			Il brait		
Bruire	Bruyant				*Bruire* n'est usité qu'à l'infinitif et aux troisièmes personnes de l'imparfait.
Circoncire	Circoncisant	Circoncis	Je circoncis	Je circoncis	
Clore		Clos	Je clos		
Conclure	Concluant	Conclu	Je conclus	Je conclus	
Confire	Confisant	Confit	Je confis	Je confis	
Coudre	Cousant	Cousu	Je couds	Je cousis	
Croire	Croyant	Cru	Je crois	Je crus	
Croître	Croissant	Crû	Je croîs	Je crûs	
Dire	Disant	Dit	Je dis	Je dis	*Prés. de l'ind.* Je dis, tu dis, il dit, nous disons, vous dites, ils disent. — (*Dédire, contredire, interdire, médire, prédire,* font : vous dédisez, vous contredisez, vous interdisez, vous médisez, vous prédisez. Les autres personnes et les autres temps se conjuguent comme *dire*.)
Éclore		Éclos	Il éclot		
Écrire	Écrivant	Écrit	J'écris	J'écrivis	
Exclure	Excluant	Exclu	J'exclus	J'exclus	
Faire	Faisant	Fait	Je fais	Je fis	*Prés. de l'ind.* Je fais, tu fais, il fait, nous faisons, vous faites, ils font. — *Futur.* Je ferai, tu feras, etc. — *Cond. prés.* Je ferais, tu ferais. *Prés. du subj.* Que je fasse, que tu fasses, etc. — (*Contrefaire, défaire, refaire, surfaire* et *satisfaire*, se conjuguent de même).
Joindre	Joignant	Joint	Je joins	Je joignis	
Lire	Lisant	Lu	Je lis	Je lus	
Luire	Luisant	Lui	Je luis		
Maudire	Maudissant	Maudit	Je maudis	Je maudis	
Mettre	Mettant	Mis	Je mets	Je mis	
Moudre	Moulant	Moulu	Je mouds	Je moulus	
Naître	Naissant	Né	Je nais	Je naquis	
Nuire	Nuisant	Nui	Je nuis	Je nuisis	
Prendre	Prenant	Pris	Je prends	Je pris	*Prés. de l'ind.* Je prends, tu prends, il prend, nous prenons, vous prenez, ils prennent. — *Prés. du subj.* Que je prenne, que tu prennes, qu'il prenne, que nous prenions, que vous preniez, qu'ils prennent.
Répondre	Répondant	Répondu	Je réponds	Je répondis	
Résoudre	Résolvant	Résous, résolu	Je résous	Je résolus	
Rire	Riant	Ri	Je ris	Je ris	
Rompre	Rompant	Rompu	Je romps	Je rompis	
Suffire	Suffisant	Suffi	Je suffis	Je suffis	
Suivre	Suivant	Suivi	Je suis	Je suivis	
Traire	Trayant	Trait	Je trais		
Vaincre	Vainquant	Vaincu	Je vaincs	Je vainquis	
Vivre	Vivant	Vécu	Je vis	Je vécus	

SUITE DU VERBE. — VIIe leçon. — REMARQUES.

I. VERBES PASSIFS. — Il n'y a qu'une seule conjugaison pour tous les verbes passifs ; elle se fait en joignant le participe passé du verbe actif que l'on veut conjuguer à tous les temps de l'auxiliaire *être*.

II. VERBES NEUTRES. — La plupart des verbes neutres se conjuguent comme les verbes actifs, avec l'auxiliaire *avoir*; le modèle de la conjugaison des verbes actifs peut donc servir pour la conjugaison des verbes neutres ; à l'égard des temps composés des verbes neutres qui prennent l'auxiliaire *être* , la conjugaison des verbes actifs peut également servir de modèle ; il s'agit seulement de remplacer le verbe *avoir* par le verbe *être*.

III. VERBES PRONOMINAUX. — Les verbes pronominaux se conjuguent, dans les temps simples, comme les verbes de la conjugaison à laquelle ils appartiennent, et dans les temps composés ils prennent l'auxiliaire *être*.

IV. VERBES IMPERSONNELS. — Les verbes impersonnels se conjuguent comme les autres verbes, mais ils n'ont que la troisième personne du singulier.

V. Le *sujet*, soit nom, soit pronom, se place ordinairement avant le verbe : *L'enfant joue, l'oiseau chante*.

EXCEPTIONS. 1° Quand on interroge, le *sujet* se place après le verbe : *Que diront vos parents? Viendrez-vous ?*

Quand le verbe qui précède *il, elle, on*, finit par une voyelle, on ajoute un *t*, devant *il, elle, on* : *Eugène a-t-il été au jardin? Ma sœur viendra-t-elle ? Aime-t-on les paresseux ?* Ce *t* est appelé euphonique ; il est employé pour rendre la prononciation plus douce et plus agréable.

L'usage ne permet pas toujours, pour interroger, de transporter le pronom *je* après le verbe , parce que la prononciation en serait rude et désagréable ; ne dites pas : *dors-je? sors-je?* il faut prendre un autre tour , et dire : est-ce que*je* dors? est-ce que *je* sors ?

2° Le sujet se met après le verbe, lorsqu'on cite les paroles de quelqu'un : *Etudiez, mes enfants, disait un bon père, si vous voulez être heureux*.

3° Le sujet se met après le verbe, quand il est précédé de *tel, ainsi*, signifiant *de telle sorte* : *Tel était son courage ; ainsi fut racontée l'histoire.*

4° Le sujet se met aussi après les verbes impersonnels : *Il est tombé beaucoup d'eau*.

On croit devoir faire observer que *il*, devant un verbe impersonnel ou pris impersonnellement, est un mot vague qui tient seulement la place du sujet, et que le sujet, lorsqu'il peut être exprimé, est placé après le verbe , et se présente sous la forme d'un régime : *Il est tombé beaucoup d'eau*, c'est comme s'il y avait : *beaucoup d'eau est tombée*. Dans les verbes , *il pleut, il neige*, etc., le sujet ne peut être exprimé.

VI. Le verbe s'accorde en nombre et en personne avec son *sujet*. Exemples : *Je commande, l'enfant obéit ; vous commandez, les enfants obéissent.*

Si le verbe a plusieurs *sujets* singuliers on le met au pluriel. Exemples : *Le maître et l'élève jouent ; le roi et le berger sont égaux devant Dieu.*

Si les mots qui forment le *sujet* sont de différentes personnes, on met le verbe à la plus noble ; la première personne est plus noble que la seconde, la seconde est plus noble que la troisième. Exemples : *Vous et moi irons vous promener; toi et elle irez vous promener.*

On met le verbe au singulier, quoiqu'il ait pour *sujet* plusieurs substantifs ou pronoms, quand les mots qui composent le *sujet* sont unis par la conjonction *ou*. Exemple : *L'avarice ou l'ambition lui a fait beaucoup d'ennemis*. Mais cette règle n'a pas lieu si les mots unis par *ou* sont de personnes différentes, car l'usage veut que le verbe se mette au pluriel, et qu'il s'accorde avec la plus noble personne. Exemple : *Toi ou Paul avez été à la chasse.*

On met encore le verbe au singulier, malgré les pluriels qui le précèdent, lorsqu'il y a une expression qui réunit tous les substantifs en un seul. Exemple : *Villes, bourgs, villages*, tout fut saccagé.

Si le verbe a pour sujet deux substantifs ou pronoms , unis par une des conjonctions *comme, de même que , ainsi que , aussi bien que* , il s'accorde avec le premier sujet. Exemple : *La prudence , ainsi que le courage , a son prix.*

Le verbe se met au pluriel lorsqu'il a pour sujet plusieurs substantifs ou pronoms unis par la conjonction *ni*. Exemple : Ni *l'or*, ni *la grandeur ne nous rendent heureux*. Mais s'il n'y a qu'un des deux sujets qui puisse faire ou recevoir l'action exprimée par le verbe, ce verbe doit se mettre au singulier. Exemple : Ni *monsieur le comte*, ni monsieur le duc, ne sera ambassadeur à *Vienne.*

VII. Un substantif peut être *régime* de deux verbes à la fois : *J'aime et j'estime votre frère* ; mais si ces deux verbes exigent un *régime* différent , il faut donner à chacun le *régime* qui lui convient : *J'ai rencontré votre frère et lui ai parlé* ; on ne pourrait pas dire : *J'ai rencontré et parlé à votre frère*, parce que le verbe *rencontrer*, étant actif, veut un *régime* direct, et qu'il serait ici suivi du *régime* indirect *à votre frère*.

Un verbe ne peut pas avoir deux *régimes* indirects pour exprimer le même rapport , parce qu'une préposition ne peut pas se trouver deux fois dans la même phrase, lorsqu'il n'y a qu'un seul rapport à indiquer ; ainsi il ne faut pas dire : *C'est à vous à qui je m'étais adressé* ; *c'est à eux à qui j'aurais voulu parler*. Dans ces phrases, il faut lier les deux propositions par la conjonction *que*, et dire : *C'est à vous que je m'étais adressé* ; *c'est à eux que j'aurais voulu parler.*

Pour rendre cette règle plus sensible, et reconnaître le vice de ces phrases, il suffit de supprimer *c'est* qui n'est employé que pour mieux exprimer ce que l'on dit ; et au lieu de : *C'est à vous à qui je m'étais adressé* ; *à eux à qui j'aurais voulu parler*, on sera forcé de dire, en supprimant *c'est* : *Je m'étais adressé à* vous, à qui ; *j'aurais voulu parler à* eux, à qui. On voit que dans la première phrase, la première préposition *à* marque le rapport de m'adresser *à vous*, mais que la seconde préposition *à* n'exprime aucun rapport ; de même dans la deuxième phrase, la première préposition *à* marque le rapport de parler *à eux*, mais la seconde préposition *à* n'a aucun rapport à exprimer.

VIII. Le régime des verbes passifs s'exprime par les prépositions *de* ou *par*. Exemples : *L'enfant studieux est aimé de ses maîtres; Darius fut vaincu par Alexandre*.

On se sert de la préposition *de* quand le verbe marque un mouvement de l'âme, comme le plaisir , la colère , le mépris, etc. Exemple : *Ces enfants sont chéris de leurs parents* ; on se sert de la préposition *par* quand le verbe marque une action du corps ou de l'esprit. Exemples : *Carthage fut fondée par Didon ; Télémaque fut composé par Fénelon.*

Les verbes passifs peuvent s'employer sans régime, comme *Troie fut détruite.*

IX. Le *passé défini* ne s'emploie qu'en parlant d'un temps absolument écoulé ; ainsi il ne faut pas dire : *je lus aujourd'hui, cette semaine , cette année*, parce que le jour , la semaine , l'année , ne sont pas encore écoulés ; ne dites pas non plus , *j'étudiai ce matin* ; il faut , pour le passé défini, qu'il y ait l'intervalle d'un jour.

Le *passé indéfini* s'emploie indistinctement pour un temps passé, soit qu'il en reste encore une partie à écouler ou non ; ainsi on dit bien : *j'ai lu aujourd'hui, cette semaine , cette année*, ou *j'ai lu hier, la semaine dernière , l'année passée.*

X. On emploie le *subjonctif* après les verbes qui expriment la volonté , le doute, la crainte, etc. De là le subjonctif est toujours sous la dépendance d'un autre verbe , c'est le temps de ce verbe qui détermine celui du subjonctif qu'il faut employer.

1° Quand le premier verbe est au présent ou au futur, on met le second verbe au présent du subjonctif pour marquer un temps présent ou futur; et on le met au passé pour marquer un temps passé. Exemples :

| Je veux
Je voudrai | *que vous respectiez* vos parents. | Je veux
Je voudrai | *que vous ayez respecté* vos parents. |

2° Quand le premier verbe est à l'imparfait, à l'un des prétérits ou passés, au plusque-parfait, ou à l'un des conditionnels, on met le second verbe à l'imparfait du subjonctif, pour marquer un temps présent ou futur, et au plusque-parfait, pour marquer un temps passé. Exemples :

| Je voulais
Je voulus
J'ai voulu
J'eus voulu
J'avais voulu
Je voudrais
J'aurais voulu | *que vous respectassiez* vos parents. | Je voulais
Je voulus
J'ai voulu
J'eus voulu
J'avais voulu
Je voudrais
J'aurais voulu | *que vous eussiez respecté* vos parents. |

XI. L'*infinitif* peut s'employer comme sujet, et comme régime.

1° Lorsqu'il est employé comme sujet, le verbe doit être à la troisième personne du singulier , parce que l'infinitif n'ayant pas la propriété du nombre ne peut lui communiquer une forme plurielle. Exemple : *manger, boire et dormir , c'est son unique occupation.*

2° L'*infinitif*, employé comme régime d'un verbe, est toujours précédé par ce verbe : *il veut lire* ; il en est quelquefois séparé par une préposition : *il parle sans hésiter.*

3° Employé comme régime d'un substantif ou d'un adjectif, il est toujours précédé d'une préposition : *le désir de vivre ; un enfant enclin à mal faire.*

¹ *Verbe substantif.* — *Verbes adjectifs*, ² *actifs*, ³ *passifs*, ⁴ *neutres*, ⁵ *pronominaux*, ⁶ *impersonnels*, ⁷ *irréguliers*, ⁸ *défectifs.* — ⁹ *Emploi du subjonctif.* — ¹⁰ *Infinitif employé comme sujet*, ¹¹ *employé comme régime.*

¹ La nature a fait de l'homme un être compatissant, afin qu'il *soit* secourable. — Il y a peu d'hommes dont l'esprit *soit* accompagné d'un goût sûr et d'une critique judicieuse. — *Soyez* sincère, loyal, et conduisez-vous de sorte que vos parents se glorifient de vous avoir pour fils. — Le sot *est* souvent aussi vain qu'il *est* ignorant. +

² A peine l'infortuné *éprouve*-t-il quelque adoucissement à ses maux, qu'il se flatte que la fortune a cessé de le *persécuter.* — L'orgueil *échauffe* la tête de l'homme, et *glace* son cœur. — Plus d'un conquérant *a terni* ses exploits en manquant d'humanité. — Un grand cœur, *disait* un roi de Perse, *reçoit* de petits présents d'une main, et en *fait* de grands de l'autre.

³ Les grands ne *sont traités* avec franchise que lorsqu'ils apprennent à monter à cheval; cet animal qui ne sait pas dissimuler jette par terre un prince aussi bien qu'un palefrenier. — L'esprit humain *est agité* perpétuellement entre l'erreur et la vérité. — Je ne sais quoi d'heureux *est répandu* sur le visage d'un honnête homme.

⁴ *Retournez* dans le sein de Dieu d'où vous *êtes sortie*, âme héroïque et chrétienne! — La douceur des formes n'exclut pas la fermeté du caractère : ainsi le câble flexible *résiste* à la fureur des flots. — Pourquoi les malheurs, que le vice a souvent entraînés après lui, n'*ont*-ils pas *servi* d'exemple aux hommes? — La meilleure manière de se venger, c'est de ne point *ressembler* à celui qui nous fait injure.

⁵ On respecte dans l'abaissement ceux qui *se sont respectés* dans la grandeur. — La gloire des hommes doit toujours *se mesurer* sur les moyens dont il *se sont servis* pour l'acquérir. — Il ne faut être ni avare ni prodigue; il faut *se renfermer* dans les bornes d'une sage économie.

⁶ La jeunesse étant susceptible de toutes sortes d'impressions, bonnes ou mauvaises, il *importe* de la bien diriger. — Il *convient* plus souvent de se taire que de parler. — Quelle bizarrerie de ne reconnaître l'auteur de la nature et de ne fléchir le genou que lorsqu'il *tonne!* — Il *faut* avoir hérité des vertus de ses pères pour avoir le droit de jouir de leur gloire. — Les vérités que l'on aime le moins à entendre, sont celles qu'il *importe* le plus de savoir.

⁷ On perd beaucoup de ce qu'on sait quand on n'*acquiert* pas constamment. — Il faut se *pouvoir* long-temps d'avance contre la vieillesse et la mort. — L'orgueil et la vanité *excluent* la reconnaissance. — On n'est pas mieux fondé à se *prévaloir* de sa naissance, que d'un billet gagné à la loterie.

⁸ La guerre développe le courage et fait *éclore* l'amour de la gloire. — Il faut, dit-on, *hurler* avec les loups et *braire* avec les ânes; c'est ainsi que tous les partis grossissent leurs rangs.

⁹ La religion exige que nous *sacrifiions* nos ressentiments. — L'ennui finira par vous gagner à moins que vous ne *variiez* vos occupations et vos amusements. — Le mérite d'avoir fait une bonne action sera le seul bien qu'on ne *puisse* nous enlever. — La pensée fréquente de la mort nous y accoutume, et c'est peut-être le plus beau triomphe que l'habitude *ait obtenu.*

L'empereur Théodose condamnait à mort tout délateur qui l'était pour la troisième fois, quoique ses délations n'*eussent* point *été jugées* fausses. — Dieu a donné la liberté aux hommes, afin que leur bonheur *dépendît* d'eux-mêmes.

¹⁰ *Attaquer* mon ami, c'est m'attaquer moi-même. — *Insulter* au malheur, c'est mettre le comble à l'inhumanité. — *Taire* un service qu'on a rendu, c'est ajouter au bienfait. — *Louer* quelqu'un des vertus qu'il n'a pas, c'est lui dire impunément des injures.

¹¹ On a mille remèdes pour *adoucir* le malheur de l'honnête homme, on n'en trouve pas un pour *alléger* celui du méchant. — La paresse fait *avorter* plus de talents que l'activité n'en fait *éclore.* — Il est bien difficile de *voguer* sur la mer des passions, sans *faire* naufrage.

Quoique les méchants prospèrent quelquefois, ne pensez pas qu'ils soient heureux. — La parfaite valeur est de faire, sans témoins, ce qu'on serait capable de faire devant tout le monde. — Un sot a toujours assez d'esprit pour être méchant. — Les grands ne seraient pas aussi fiers, si les petits n'étaient pas aussi vils.

La nature nous a donné deux enfances : l'une pour entrer sans crainte dans la vie, l'autre pour la quitter sans regret. — La raison supporte les disgrâces, le courage les combat, la patience les surmonte. — Dieu nous a donné la raison, afin qu'elle dirige notre conduite. — L'absence diminue les médiocres passions et augmente les grandes, comme le vent éteint les bougies et allume le feu.

Nous sommes environnés, en naissant, d'un nuage d'erreurs, que dissipent à peine les principes d'une bonne éducation. — Turenne pensait qu'un habile capitaine peut bien être vaincu, mais qu'il ne lui est pas permis d'être surpris. — Les hommes sont obligés de vivre en société par le besoin qu'ils ont les uns des autres.

Dieu envoie aux uns les secours nécessaires pour vivre, et aux autres des consolations pour bien mourir. — Nos aïeux vivaient pauvres et vertueux, et baisaient le champ qui les avait vus naître. — Le philosophiste marche avec désespoir dans la carrière de la vie, qui, pour lui, n'aboutit à rien. — Pendant que l'innocence veille et dort en paix, le crime ne veille et ne dort que dans le tourment.

Plus on s'élève, plus l'horizon s'agrandit et plus on s'aperçoit de son néant. — Il faudrait que tous les hommes aimassent les louanges, et qu'ils s'efforçassent de les mériter. — Le sage se repent des fautes qui lui échappent; et s'en corrige; le peuple avoue les siennes, et ne s'en corrige pas.

Il y a dans la vertu une noblesse, une élévation à laquelle les cœurs vils et rampants ne sauraient atteindre. — Etre un honnête homme ne suffit pas; il faut encore être un homme honnête. — La raison nous enseigne qu'il est plus glorieux de commander à ses passions que de s'y abandonner; et que plus il est difficile d'oublier une injure, plus il est grand de la pardonner. — Qu'importe la reconnaissance? c'est assez de savoir qu'il existe un malheureux de moins.

Les hommes sont mus très-souvent par deux principes opposés, l'intérêt et la vanité. — Le méchant se nuit à lui-même avant de nuire aux autres. — Les poltrons fuient l'ennemi, les braves le joignent. — Toutes les sciences et tous les arts sont nés parmi des nations libres. — On peut tout ce qu'on veut, lorsqu'on ne veut que ce qu'on peut.

Il faut souvent moins de courage pour se corriger de ses défauts qu'il n'en faut pour les avouer. — La mort promène son niveau sur tous les hommes; et le puissant, l'homme de génie, gisent à côté du faible et du pauvre d'esprit. — L'air modeste sied beaucoup mieux que ce qu'on nomme le bel air.

Il n'y a que les grandes âmes qui soient capables de faire de grandes choses. — Dans le malheur que nous avons éprouvé, il n'y a que la religion qui ait pu nous consoler. — Tout méchants que sont les hommes, Dieu veut que nous les aimions. — La raison veut qu'on supporte patiemment l'adversité, et qu'on n'en aggrave point le poids par des plaintes qui ne serviraient de rien.

Solon, en mourant, ordonna qu'on portât ses os à Salamine, qu'on les brûlât et qu'on en jetât la cendre par toute la campagne. — La Providence a permis que les Barbares détruisissent l'empire romain et vengeassent l'univers vaincu.

Se glorifier d'une bonne action qu'on a faite, c'est en perdre tout le mérite. — Estimer quelqu'un au-delà du prix, c'est lui donner toute sa confiance, c'est l'égaler à soi. — Bien écouter et bien répondre, c'est une des plus grandes perfections qu'on puisse avoir dans la conversation. — Le moyen de plaire et de réussir dans la conversation, c'est de s'appliquer bien plus à faire connaître l'esprit des autres que le sien. — Il faut fortifier la mémoire, afin de pouvoir la charger de souvenirs. — La lecture sert à orner l'esprit, à régler les mœurs et à former le jugement.

VIᵉ ESPÈCE DE MOTS. — PARTICIPE.

Iʳᵉ leçon. — TABLEAU ANALYTIQUE.

IIᵉ leçon. — DÉFINITIONS.

TABLEAU ANALYTIQUE

PARTICIPE.

Le *participe* est un mot qui tient du verbe et de l'adjectif. Il y a deux sortes de participes.

Participe présent.

Il est toujours terminé en *ant* et est invariable.

Participe passé.

Le participe *passé*, employé sans auxiliaire, s'accorde comme l'adjectif avec le nom auquel il se rapporte.

Le participe *passé*, accompagné de l'auxiliaire *être*, s'accorde avec le sujet du verbe, excepté dans les verbes pronominaux.

Le participe *passé*, accompagné de l'auxiliaire *avoir*, s'accorde avec son régime direct s'il en est précédé, et est invariable s'il en est suivi. Le participe passé des verbes pronominaux suit la même règle, parce que *être* est employé pour *avoir*.

IIᵉ leçon. — DÉFINITIONS.

Le *PARTICIPE* est un mot qui tient du verbe et de l'adjectif.

Il tient du verbe, en ce qu'il en a la signification et le régime : *Un homme aimant Dieu ; des hommes aimés de Dieu*. Il tient de l'adjectif, en ce qu'il qualifie quelquefois le substantif : *Une femme instruite ; une vertu éprouvée*.

Il y a deux sortes de participes : le *participe présent* et le *participe passé*.

PARTICIPE PRÉSENT. — Le *participe présent* est toujours terminé en *ant* ; il exprime une action, et est ordinairement suivi d'un régime direct ou indirect. Il faut éviter de le confondre avec *l'adjectif verbal* qui a la même terminaison.

Le participe présent se distingue de l'adjectif verbal : 1° parce qu'il a un régime exprimé ou sous-entendu et qu'il ne peut se construire avec le verbe être ; 2° parce qu'il peut être mis à un autre temps du verbe auquel il appartient, en faisant précéder ce temps du pronom relatif *qui*. Exemple : *Les vents soufflant avec force, sillonnant dans les cordages, s'opposent à la manœuvre*. Dans cette phrase on ne peut employer le verbe être avec *soufflant* et *sillonnant*, mais on peut dire : *les vents qui soufflent, les vents qui sillonnent*, etc.

L'adjectif verbal exprime l'état ou la manière d'être du substantif ou pronom auquel il se rapporte ; on le distingue du participe présent : 1° parce qu'il ne peut avoir de régime direct ; 2° parce qu'il peut se construire avec le verbe être. Exemples : *Ce sont des enfants obligeants ; il a des manières engageantes*. On peut dire : *des enfants qui sont obligeants ; des manières qui sont engageantes*.

PARTICIPE PASSÉ. — Le *participe passé* a plusieurs terminaisons ; il ajoute au substantif qu'il qualifie l'idée d'une action, et il varie comme l'adjectif, prenant un *e* muet au féminin et un *s* au pluriel.

Le participe passé, employé sans auxiliaire, s'accorde en genre et en nombre avec le substantif ou pronom auquel il se rapporte. Exemples : *Un habit déchiré, une robe déchirée ; les inimitiés sourdes et cachées sont plus à craindre que les haines ouvertes et déclarées.*

PARTICIPE PASSÉ EMPLOYÉ AVEC ÊTRE. — Le *participe passé*, accompagné de l'auxiliaire *être*, s'accorde avec le sujet du verbe, quelle que soit la personne du sujet. Exemple : *La vertu timide est souvent opprimée, et la vertu obscure est souvent méprisée.* Excepté dans les verbes pronominaux, où le verbe *être* est toujours employé pour le verbe *avoir*.

PARTICIPE PASSÉ EMPLOYÉ AVEC AVOIR. — Le *participe passé*, accompagné de l'auxiliaire *avoir*, est invariable lorsqu'il n'a pas de régime direct, ou qu'il précède son régime direct : *Les projets des méchants ont toujours échoué ; dans tous les temps les hommes ont méprisé le vice et admiré la vertu.*

Il est variable lorsqu'il se trouve placé après son régime direct, avec lequel il s'accorde en genre et en nombre : *Mes amis, les avis que je vous ai donnés, et que vous n'avez pas suivis, vous auraient garantis des malheurs que vous avez essuyés.*

Dans les verbes *pronominaux*, le verbe *être* est employé pour le verbe *avoir* ; par conséquent le participe de ces verbes suit la même règle que le participe employé avec *avoir*. Exemple : *Ils se sont rencontrés, et ils se sont parlé* ; c'est-à-dire *ils ont rencontré eux*, et *ils ont parlé à eux*. Le premier participe a un régime direct, avec lequel il s'accorde ; le second, n'ayant qu'un régime indirect avec lequel il ne peut s'accorder, doit rester invariable.

On voit d'après les exemples ci-dessus que le participe passé, accompagné du verbe *avoir*, est invariable lorsqu'il précède son régime direct ; mais qu'il est variable lorsqu'il est placé avant lui. Cette règle, qui n'a pas d'exception, offre cependant quelques difficultés, parce qu'il n'est pas toujours facile de savoir si le participe passé a un régime direct, et, dans ce cas, s'il en est précédé ou suivi.

Pour surmonter les difficultés qui pourraient se présenter, il faut savoir que le régime direct placé avant le participe est toujours un des pronoms *me, te, se, nous, vous, le, la, les, que*, ou un substantif précédé de *quel, que de, combien de*.

Pour connaître la place qu'occupe le régime direct du participe, mettez après ce participe la question *qui*, pour les personnes, et *quoi*, pour les choses ; la réponse sera le régime direct. Exemple : *Les soldats qu'on a contraints de marcher ; on a contraint qui ? les soldats.* Donc le pronom *que*, qui représente *soldats*, est régime direct du participe *contraint*, avec lequel l'accord de ce participe puisqu'il le précède. *La morale que le maître a enseignée à ses élèves ; le maître a enseigné quoi ? la morale.* Donc le pronom *que*, qui représente *morale*, est régime du participe *enseigné*, et demande également l'accord de ce participe.

IIIᵉ leçon. — REMARQUES.

I. Dans les verbes *impersonnels*, le participe passé, employé, soit avec l'auxiliaire *être*, est toujours invariable, 1° parce que les verbes impersonnels n'ont point de régime direct ; 2° parce que le véritable sujet de ces verbes, exprimé ou non dans la phrase, est toujours représenté sur le mot vague *il* qui est masculin singulier. Exemples : *Il est survenu de grands événements ; il s'est fait une tempête ; les chaleurs qu'il a fait ; la disette qu'il y a eu.*

Dans les deux premiers exemples, les participes *survenu* et *fait* suivent la règle du participe passé, employé avec le verbe *être*, c'est-à-dire qu'ils s'accordent avec le mot *il* qui représente le sujet.

Dans les deux derniers exemples, les participes *fait* et *eu* suivent la règle du participe passé, employé avec le verbe *avoir*, et restent invariables, parce que les verbes *faire* et *avoir* sont ici impersonnellement, et que le pronom relatif *que* ne peut en être le régime direct, car on ne pourrait pas dire, *faire des chaleurs, avoir des disettes.*

II. Le participe passé placé entre *que* relatif et *que* conjonctif, est invariable ; car, dans cette circonstance, le *que* relatif est le régime direct du verbe qui suit la conjonction, et le participe a pour régime la fin de la phrase avec laquelle il n'est pas d'accorder. Exemples : *La leçon que vous avez voulu que j'étudiasse. Vous avez voulu quoi ? que j'étudiasse.* — *Les embarras que j'ai cru que vous m'auriez donnés. — On voit que le participe n'est précédé d'aucun régime direct, et que par conséquent il doit être invariable.*

III. Le participe passé est invariable quand il a pour régime direct *l'* représentant un membre de phrase, parce que *l'* équivaut à *cela*, qui est masculin et singulier. Le participe passé donc être invariable dans les phrases suivantes : *Cette histoire n'est pas aussi agréable que je l'avais cru* (que j'avais cru cela, qu'elle était agréable). *La famine arriva comme Joseph l'avait prédit* (avait prédit cela, qu'elle arriverait). *Cette affaire a été jugée sans que nous l'ayons su* (sans que nous ayons su cela, qu'elle eût été jugée).

IV. Le participe passé, suivi immédiatement d'un infinitif, est variable, si le pronom qui le précède est son régime direct, et il reste invariable si le pronom est le régime direct de l'infinitif.

On connaît que le pronom la régime direct du participe, si l'on peut le mettre immédiatement après ce participe, et changer l'infinitif qui suit en participe, mais si ce changement ne peut avoir lieu, le pronom est régime de l'infinitif, et le participe est invariable. Exemples : *Cette dame est bonne musicienne, je l'ai entendue chanter. On veut dire : J'ai entendue elle chantant ; le pronom la est donc le régime direct du participe entendu ; d'après la règle, ce participe est variable.* — *Cette chanson est jolie, je l'ai entendu chanter.* On ne peut pas dire : *J'ai entendu elle* (la chanson) *chantant ; mais on peut dire : J'ai entendu chanter elle.* Donc le pronom *la* est régime du verbe *chanter*, et le participe, n'étant point précédé de son régime direct, est invariable.

Le participe passé suivi d'un infinitif, est toujours invariable, parce qu'il ne forme pour ainsi dire qu'un seul verbe avec cet infinitif, de sorte que c'est ces deux verbes réunis qui expriment le régime direct. Exemple : *Les manuscrits que j'ai fait copier à ces enfant lui ont donné une idée de la littérature ; j'ai fait copier quoi ? les manuscrits.* L'on ne pourrait pas dire : *J'ai fait les manuscrits copiés.*

Quoique le second verbe à l'infinitif se trouve quelquefois sous-entendu, le participe suit la même règle que quand cet infinitif se trouve exprimé. Exemples : *Je lui ai fait toutes les caresses que j'ai dû* (sous-entendu, *lui faire*). *Je vous ai rendu tous les services que j'ai pu* (sous-entendu, *v us rendre*).

V. Lorsqu'il y a une préposition entre le participe passé et l'infinitif qui suit, le pronom peut, comme dans la règle précédente, être régime direct du participe ou de l'infinitif. Exemples : *L'histoire que je vous ai donnée à lire. Les règles que j'ai commencé d'expliquer.*

Dans la première phrase, le *que* relatif est le régime de la participe *donnée*, parce que le substantif dont il tient la place peut être mis immédiatement après le participe. On peut dire : *Je vous ai donné l'histoire à lire.*

Dans la seconde phrase, le *que* relatif est régime de l'infinitif *expliquer*, parce que le substantif dont il tient la place ne peut être mis immédiatement après le participe. On ne pourrait pas dire : *J'ai commencé les règles d'expliquer.* Ce n'est pas le cas de placer qu'après l'infinitif, et il en est le régime.

L'accord a toujours lieu lorsque le participe est précédé de deux régimes directs : l'un considéré qu'il nous a priés de lui donner ; alors ce régime direct énoncé le premier est régime de l'infinitif, et le second est régime du participe. Donc l'exemple ci-dessus, *que*, pronom relatif, est régime de *donner*, et *nous*, régime du participe *priés*.

VI. Le participe passé est variable et invariable, lorsqu'il est précédé de *le peu*, qui signifie tantôt *une petite quantité*, et tantôt *le manque*.

Lorsque le *peu* signifie *une petite quantité*, le participe est variable, et il s'accorde avec le substantif qui suit le peu : la peu d'application que vous aura mise à cette leçon, a suffi pour vous faire comprendre facilement cette règle, c'est-à-dire la petite quantité d'application.

Lorsque le *peu* signifie le manque, le participe s'accorde avec le peu, et par conséquent est invariable : Le peu d'application que vous avez montré dans le cours de cette année, a nui beaucoup à votre instruction ; c'est-à-dire, le manque d'application, etc.

Dans le premier exemple, le peu est employé comme collectif partitif, et dans le second il est employé comme collectif général (Voy la règle qui a rapport aux collectifs.)

On connaît encore que le participe est variable, lorsqu'on peut supprimer le peu sans nuire au sens de la phrase, et qu'il est invariable, si cette suppression ne peut avoir lieu ; en effet, dans le premier exemple on peut dire : L'application que vous avez mise à cette leçon, a suffi pour vous faire comprendre facilement cette règle ; mais dans le second, on ne pourrait pas dire : L'application que vous avez montrée dans le cours de cette année, a nui beaucoup à votre instruction.

VII. Quand le verbe *avoir*, qui accompagne le participe passé, est précédé du pronom *en*, le participe est invariable ou variable.

Le participe est invariable s'il n'est précédé du mot *en* signifiant *de ceci, de cela*, parce que ces pronoms ne prennent ni genre ni nombre. Exemples : *Louis le Grand a fait lui seul plus d'exploits que les autres n'en ont lu* (n'ont lu *de cela*). *J'attendais quelques nouvelles ; j'en ai reçu* (j'ai reçu *de cela*).

Le participe est variable lorsqu'il est précédé d'un régime direct, alors le mot *en* ne signifie de lui, d'elle, d'eux, d'elles. Exemples : *J'ai parlé à votre cousin ; les nouvelles que j'en ai apprises sont satisfaisantes* (j'ai appris des nouvelles de lui). *Cette fille avait des défauts, l'en avez-vous corrigée ?* (corrigé elle d'eux).

VIII. Le participe *coûté* est invariable, lorsqu'il est employé dans le sens actif, et variable quand il est employé dans le sens actif ; il est neutre quand il signifie *être acheté à un certain prix* ; mais actif quand il signifie *plus les dix mille francs qu'elle a coûté* (qu'elle a été achetée) ; il est actif quand il signifie *causer, exiger* : *Vous n'avez pas oublié les soins que vous m'avez coûtés depuis votre enfance* (que vous avez exigés).

Le participe *valu* suit la même règle, c'est-à-dire qu'il est invariable lorsqu'il est employé dans le sens neutre, et variable lorsqu'il est employé dans le sens actif ; il est neutre quand il signifie *être d'un certain prix* (ces deux objets valent chacun dix mille francs, elle ne les a jamais valu (elle n'a jamais été ce prix) ; et actif quand il signifie *procurer, rapporter* : *Les honneurs que mon habit m'a valus* (m'a procurés, rapportés).

IVe leçon. — EXERCICES SUR LE PARTICIPE.

¹ Participe présent. — ² Participe passé employé sans auxiliaire, ³ avec l'auxiliaire être, ⁴ avec l'auxiliaire avoir quand il précède son régime, ⁵ avec l'auxiliaire avoir quand il suit son régime. — ⁶ Participes des verbes pronominaux, ⁷ des verbes impersonnels, ⁸ entre deux que, ⁹ ayant l' pour régime; ¹⁰ suivis d'un infinitif, ¹¹ suivis d'un infinitif précédé d'une préposition; ¹² précédés de le peu, ¹³ précédés de en. — ¹⁴ Coûté et valu.

¹ L'Éternel, en *donnant* à certains hommes le génie et l'activité, les fait participer à son immortalité. — L'homme se *livrant* à ses passions expose son bonheur. — En ne *demandant* guère à la fortune, on obtient souvent davantage.

² Si vous voulez bien parler et bien écrire, n'écoutez et ne lisez que des choses bien *dites* et bien *écrites*. — Les belles actions *cachées* sont les plus estimables. — Une vie *passée* dans la dissipation s'achève dans la langueur et la tristesse.

³ Peut-on contempler le Ciel, sans être *convaincu* que l'univers est *gouverné* par une suprême et divine intelligence? — Les anciennes hymnes de l'Église ont le mérite de la simplicité; elles ont été *inspirées* par l'admiration et la reconnaissance. — Les éloges ne sont *dus* qu'au mérite et à la vertu.

⁴ Les biens et les maux sont comme deux fleuves qui ont si bien *mêlé* leurs eaux, qu'il est impossible de les séparer. — C'est par un effet de sa sagesse que Dieu a *semé* des amertumes au milieu de la félicité trompeuse de ce monde. — La nature nous a *donné* deux oreilles et une seule bouche, pour nous apprendre qu'il faut plus écouter que parler.

⁵ Plus nous nous appliquerons à connaître les merveilles de la nature, plus nous y admirerons la sagesse de celui qui, après les avoir *créées*, les soutient et les conserve. — Il y a de l'ingratitude à ne témoigner de la reconnaissance des bienfaits qu'on a *reçus*, que pour en recevoir de nouveaux.

⁶ Les mauvaises nouvelles se sont toujours *répandues* plus promptement que les bonnes. — La calomnie s'est toujours *plu* à répandre son venin sur les vertus les plus pures. — Les hommes que Dieu avait créés innocents et parfaits, se sont *pervertis*. — La mer et les vents se sont *tus* à la voix du Seigneur.

⁷ Il s'est *trouvé* des hommes que la force de leur génie a rendus habiles dans les genres opposés. — Les froids excessifs qu'il a *fait*, il y a quelques années, ont presque égalé l'hiver rigoureux qu'il y a *eu* en mil sept cent quatre-vingt-huit.

⁸ Les secours que vous aviez *prétendu* que j'obtiendrais, ont été illusoires. — La conduite que j'avais *supposé* que vous tiendriez, vous l'avez tenue, et vous en avez été blâmé. — Les succès que Démosthènes avait *prévu* que Philippe obtiendrait, obligèrent les Athéniens à fortifier leur ville.

⁹ Triomphez, votre victoire est plus étonnante que ne vous l'étiez *imaginé* ! — Sa vertu était aussi pure qu'on l'avait *cru* jusqu'alors. — Notre traversée fut aussi heureuse que nous l'avions *présumé*. — La victoire a été aussi funeste aux ennemis que nous l'avions *pressenti*.

¹⁰ Pierre-le-Grand faisait partir des artisans de toute espèce pour Moscou, et n'envoyait que ceux qu'il avait *vus* travailler lui-même. — Les magnifiques monuments que l'antiquité a *vu* ériger, subsistent encore pour la plupart. — Que de jeunes gens se sont *laissé* égarer par de mauvais conseils !

¹¹ Ces jeunes gens, entraînés par le torrent, se trouvèrent hors de la route qu'ils avaient *résolu* de suivre. — Les erreurs qu'il a *contribué* à propager ont étouffé la vérité. — Les problèmes que le célèbre Pascal avait *donnés* à résoudre aux savants de l'Europe l'ont placé au premier rang des géomètres.

¹² Il ne laissa pas, en lui donnant des marques de son affection, de lui reprocher le peu de confiance qu'il avait *eu* en lui. — Le peu de fortune que nous avons *acquise* est le fruit de longs travaux.

¹³ La crainte de faire des ingrats, ou le déplaisir d'en avoir *trouvé*, ne doit pas nous empêcher de faire du bien. — La première faute de l'homme fut de se révolter contre son Créateur, et d'employer, pour l'offenser, tous les avantages qu'il en avait *reçus*.

¹⁴ Vous ne vendrez pas cette maison quarante mille francs, qu'elle eut *valu* si vous l'eussiez fait réparer à temps. — On ne doit jamais regretter ni le temps ni la peine qu'a *coûté* une bonne action.

Dieu punit les mauvais princes en les rendant eux-mêmes les instruments de sa colère. — La vertu 'est un bien qui s'accroît en se communiquant : plus il est répandu, plus la part de chacun est grande.

Les choses long-temps désirées sont presque toujours au-dessous de l'idée qu'on s'en était formée. — Il est des vérités démontrées mille fois, et qu'il faut démontrer encore.

L'étude de la morale et celle de l'éloquence sont nées en même temps ; l'union en est aussi ancienne que celle de la pensée et de la parole. — Notre élévation ne doit pas nous faire oublier le premier état d'où nous sommes sortis. — La mort n'est prématurée que pour qui meurt sans vertu. — L'envie rend hideuses les personnes qui en sont atteintes.

S'est-il passé un seul jour sans que Dieu nous ait donné une leçon par quelqu'un de ces grands exemples où sa providence éclate ? — La nature s'est montrée une mère bien-faisante; elle a prodigué à ses enfants des biens précieux, dont ils ont abusé. — La présence d'un homme qui a fait de grandes actions impose plus que les discours les plus éloquents.

L'adulateur, en prêtant aux grands les qualités qui leur manquent, leur fait perdre celles que leur a données la nature. — Chérissez vos parents, qui vous ont comblé de bienfaits, et aimez la patrie, que les hommes de bien ont toujours mise au premier rang de leurs affections.

Les montagnes se sont élevées, et les vallons sont descendus à la place que le Seigneur leur a marquée. — La nature s'est montrée sévère à l'égard de plusieurs peuples, comme envers beaucoup d'individus. — C'est à l'ombre de la paix que les arts sont nés, ont prospéré et se sont perfectionnés.

Que de monuments célèbres il s'est construit en Italie ! on peut dire que cette terre est peuplée de débris et de souvenirs. — Les vents qui ont soufflé, la pluie qu'il a fait, les chaleurs qu'il y a eu, sont les effets de la puissance de Dieu.

Les moyens de défense que Thémistocle avait déclaré qu'il fallait employer, sauvèrent la Grèce entière du joug dont l'avaient menacée les Perses. — Les bons effets qu'on a vu ces mesures produisaient, ont démontré la sagesse de l'institution de la dictature. — Les embarras que j'ai su que vous aviez ont accéléré mon départ.

Quand Rome, comme nous l'avons vu dans l'histoire, s'est crue en danger, son premier soin a été d'affermir la discipline militaire. — Tout le monde a été à même de remarquer qu'une grande nouvelle est presque toujours exagérée dans le principe, et ne se trouve jamais aussi importante qu'on l'avait annoncé.

J'avais deux fils, ma plus belle espérance! je les ai vus mourir à mes côtés ! — Voilà, mon fils, le sujet de ces larmes que tu m'as vu verser pendant le sacrifice. — Les passions que vous avez laissées fermenter finissent par vous subjuguer.

Les difficultés qu'on a cherché à vaincre, deviennent plus faciles à surmonter. — Nous demandons que le pardonnes à ceux que tu as résolu de punir. — L'habitude que nous avons contractée de juger trop promptement, nous fait tomber dans bien des erreurs.

Je ne vous parle point du peu de capacité que j'ai acquise dans les armées. — Le peu de modération que ces deux hommes ont montré dans la prospérité les a fait passer pour orgueilleux et insensés.

En possédant les cœurs, ce prince possède plus de trésors que son père n'en avait amassé par son avarice cruelle. — Ne porte point envie à ton bienfaiteur, et ne cherche point à cacher les bienfaits que tu en as reçus.

Les pleurs que je lui avais coûtés semblaient avoir sillonné ses joues. — Nous sommes toujours dédommagés des peines que l'étude nous a coûtées. — Les mille francs que cette propriété a coûté, elle ne les a jamais valu.

VIIe ESPÈCE DE MOTS. — ADVERBE.

ADVERBE.

L'*adverbe* est un mot invariable qui se joint au verbe ou à l'adjectif pour en exprimer quelque modification. On l'appelle *adverbe*, parce qu'il se place ordinairement près du verbe.

IIe leçon. --- DEFINITIONS.

L'*ADVERBE* est un mot invariable qui se joint au verbe ou à l'adjectif pour en exprimer quelque modification ; ainsi, quand on dit : *j'aime, je lis, tu es sage, tu écris*, on ne présente que des idées d'amitié, de lecture, de sagesse, d'écriture ; mais si l'on emploie des adverbes, et si l'on dit : *j'aime tendrement, je lis beaucoup, tu es bien sage, tu écris lentement*, les adverbes *tendrement, beaucoup, bien, lentement*, modifient les mots *aime, lis, sage, écris*, et déterminent les idées indéfinies que présentent ces mots.

Un adverbe peut modifier également un autre adverbe. Exemples : *il se conduit très-prudemment ; il a agi à mon égard fort délicatement ; prudemment, délicatement*, sont modifiés par les adverbes *très, fort*.

On appelle ce mot adverbe, parce qu'il se place le plus souvent près du verbe.

Les adverbes sont simples ou composés : simples, quand ils sont formés d'un seul mot : *Jadis, toujours, jamais*, etc. ; composés, quand ils sont formés de plusieurs mots : *A l'aventure, à tour de bras, de pied en cap, de fond en comble*, etc.

L'usage fera connaître les différentes espèces de modifications exprimées par les adverbes, que l'on peut diviser en *adverbes de manière, d'ordre, de lieu, de temps, de quantité, de comparaison, d'affirmation et de négation*.

La plupart des adjectifs ont chacun leur adverbe, qui se forme de la terminaison féminine de l'adjectif en y ajoutant *ment* ; de *franc, franche* ; de *grand, grande* ; de *doux, douce* ; on fait *franchement, grandement, doucement*. Cependant si l'e muet, qui marque le féminin, est précédé d'une voyelle, on ne conserve point cet *e* dans l'adverbe. Exemples : *joli, jolie ; vrai, vraie ; poli, polie ; ingénu, ingénue*, forment *joliment, vraiment, poliment, ingénument*.

Dans les adjectifs terminés en *ant* et en *ent*, l'adverbe se forme du masculin, en changeant *nt* en *mment* : *prudent, méchant*, forment *prudemment, méchamment*.

Excepté les adjectifs *lent, présent*, qui forment leurs adverbes d'après la règle générale : *lentement, présentement*.

Adverbes les plus en usage :

Ailleurs,	auprès,	combien,	dehors,	ici,	plus,	secondement,
à l'entour,	aussi,	comme,	demain,	là,	pourquoi,	si,
alors,	autant,	comment,	dessous,	loin,	pourtant,	tant,
assez,	autrefois,	d'abord,	dessus,	mieux,	premièrement,	tard,
aujourd'hui,	beaucoup,	davantage,	ensuite,	où,	puis,	toujours,
auparavant,	bientôt,	dedans,	fort,	peu,	quand,	très, etc.

IIIe leçon. — REMARQUES.

I. L'*adverbe* n'a jamais de régime ; au contraire la préposition en a toujours un. Il faut donc éviter de confondre ces deux espèces de mots.

II. Les mots *à l'entour, auparavant, dedans, dehors, dessus, dessous*, sont des adverbes, ainsi on ne dira pas : à l'entour *de nous*, auparavant *lui*, dedans *la chambre*, dehors *la ville*, dessus *la table*, dessous *la chaise*. Pour exprimer ces différentes idées, il faut se servir de prépositions, et dire : autour *de nous*, avant *lui*, dans *la chambre*, hors *de la ville*, sur *la table*, sous *la chaise*.

III. *Plus* et *davantage* ne s'emploient pas toujours l'un pour l'autre. *Davantage* ne peut être suivi de la préposition *de* ni de la conjonction *que* ; on dit : *Il est plus prudent que vous* ; *il a plus d'instruction que moi* ; mais on ne peut pas dire : *Il est davantage prudent que vous* ; *il a davantage d'instruction que moi*.

Davantage ne doit pas s'employer pour *le plus* ; ainsi dites : *De toutes les fleurs, la rose est celle qui me plaît le plus*, et non *davantage*.

IV. *Plus tôt*, écrit en deux mots, signifie *plus vite, plus promptement* : *Il partira plus tôt*, c'est-à-dire *plus promptement*.

Plutôt, écrit en un seul mot, signifie *de préférence*, au lieu de : *Il devrait lire plutôt que de jouer*, au lieu de *jouer*.

V. *Si* et *aussi* se joignent aux adjectifs et aux substantifs : *Cet homme est si prudent, qu'on ne peut le tromper ; cette femme est aussi sage que vertueuse ; ils ont agi si prudemment qu'ils n'ont pu être surpris ; je me suis conduit aussi sagement que vous*.

Tant et *autant* se joignent aux substantifs et aux verbes : *Il est rare de voir tant d'instruction et autant de modestie ; il aime tant ses enfants, qu'il leur donne autant de livres qu'ils en veulent*.

Si et *tant* marquent l'étendue ; *aussi* et *autant* marquent la comparaison. Exemples : *Il est si instruit, il a tant étudié, qu'il peut répondre à toutes vos questions. Il est aussi prudent que brave ; il a autant de sagesse que de modestie*.

VI. *De suite* veut dire *sans interruption* : *Il ne saurait dire deux mots de suite*, c'est-à-dire *sans interruption*. *Tout de suite* veut dire *sur-le-champ* : *Ils obéissent tout de suite*, c'est-à-dire *sur-le-champ*.

VII. *Tout-à-coup* signifie *subitement, soudainement* : *La grêle est tombée tout-à-coup*, c'est-à-dire *subitement*, etc. *Tout d'un coup* signifie *d'une seule fois* : *Il a gagné trente mille francs tout d'un coup*, c'est-à-dire *d'un seul coup, d'une seule fois*.

VIII. *Mal parler* et *parler mal* ont une signification bien différente ; *mal parler* tombe sur les choses que l'on exprime, et *parler mal* sur la manière de les exprimer : le premier est contre la morale, et le second contre la grammaire. C'est *mal parler* que de dire des choses injurieuses ; c'est *parler mal* que d'employer des expressions contraires aux règles de la grammaire.

IX. Les adverbes de négation sont : *ne, ne pas, ne point*. *Ne* est la plus faible négation, *ne point* est la plus forte, *ne pas* tient le milieu. *Ne* est employé 1° après les adverbes *empêcher, craindre, avoir peur, appréhender*, et tous ceux qui marquent la crainte : *Je crains qu'on ne le maltraite ; j'empêcherai qu'il ne soit malheureux ;* 2° après les adverbes qui marquent une comparaison, tels que *moins, mieux, plus, autrement* : *Il est plus sage qu'on ne pense ; il est moins étourdi que je ne le croyais* ; les conjonctions *à moins que, de peur que, de crainte que* : *à moins qu'il ne vienne ; de peur que vous ne lui disiez*.

On ne fait point usage de la négation *ne* après les adverbes qui marquent une comparaison, et après les conjonctions *à moins que, de peur que, de crainte que*, quand le verbe du membre de phrase précédent est accompagné d'une négation : *Il n'est pas aussi sage que je le pensais ; vous n'êtes pas moins étourdi que je le croyais*.

On ne fait jamais usage de la négation *ne* après le verbe *défendre*, et les conjonctions *avant que, sans que* : *Avant qu'il fasse froid ; il fera cela sans que vous l'aidiez ; je défends que vous sortiez*.

Après les verbes *douter, nier, désespérer* et *disconvenir*, accompagnés d'une négation et suivis de la conjonction *que*, la phrase amenée par cette conjonction demande qu'on répète la négation *ne* : *Je ne doute pas, je ne nie pas, que cela ne soit ; mais on dirait, sans la négation : Je doute, je nie, que cela soit*.

Pas et *point* se suppriment après *ne*, quand une expression négative se trouve dans la phrase, comme *jamais, guère, nul, aucun, rien, personne*, etc. : *Ne faites aucun mal à votre semblable ; un méchant ne sait jamais pardonner ; je ne connais personne qui vous aime*.

Il y a des adverbes qui sont employés comme substantifs, comme *dessus, dessous, haut, bas*, etc. : *Le dessus de la maison ; le dessous de l'armoire ; le haut de la colonne ; le bas de l'arbre*.

IV° leçon. — EXERCICES SUR L'ADVERBE.

¹ *Adverbes de manière,* ² *d'ordre,* ³ *de lieu,* ⁴ *de temps,* ⁵ *de quantité,* ⁶ *de comparaison,* ⁷ *d'affirmation,* ⁸ *de négation.* — ⁹ *Plus, davantage;* ¹⁰ *plutôt, plus tôt;* ¹¹ *si, aussi;* ¹² *tant, autant;* ¹³ *de suite, tout de suite;* ¹⁴ *tout-à-coup, tout d'un coup.*

───────

¹ Il ne faut jamais lire des livres *mal* écrits ; l'habitude façonne l'oreille et la réconcilie avec les phrases les plus vicieuses. — La philosophie triomphe *aisément* de tous les maux passés et à venir, mais les maux présents triomphent d'elle.

² Le sot se reconnaît à ces signes : *d'abord* il se fâche sans motif, parle sans utilité, se fie sans connaître; *ensuite* il interroge sur ce qui ne le regarde pas, et ne distingue pas son ami de son ennemi. — Si vous voulez donner des conseils, réfléchissez *auparavant*.

³ Quelle autre voix que celle de la Providence a pu dire aux vagues agitées : vous viendrez *jusque-là*, et vous briserez l'impétuosité de vos flots ! — Il ne faut attendre le bonheur *ici-bas* que de la vertu et de l'innocence.

⁴ L'homme avide de gloire brille un moment, fait un peu de bruit, et disparaît *à jamais*. — Nous croyons *souvent* avoir de la constance dans le malheur lorsque nous n'avons que de l'abattement. — On se corrige *quelquefois* mieux par la vue du mal que par l'exemple du bien. — Ceux qui ont *toujours* à faire doivent fuir ceux qui ont *toujours* quelque chose à dire. — Il y a bien des gens qui voient le vrai, et qui ne peuvent *jamais* y atteindre.

⁵ Pourquoi des personnes généreuses dans l'indigence sont-elles avares dans l'opulence ? c'est que l'or, au lieu d'apaiser la soif de l'or, l'augmente *beaucoup*. — L'homme de bien est *trop* confiant; sa candeur et son innocence le rendent dupe des méchants. — La bienfaisance est un excellent fonds qui rapporte toujours *beaucoup plus* qu'il ne coûte.

⁶ Ce qu'on nomme libéralité n'est souvent que la vanité de donner, que nous aimons *mieux* que ce que nous donnons. — Une vanité franche déplaît *moins* qu'une fausse modestie. — Aimez Dieu par-dessus tout et votre prochain *autant* que vous-même. — Peu d'esprit, avec de la droiture, ennuie *moins* à la longue que beaucoup d'esprit avec des travers.

⁷ Les grands ont souvent une politesse si mortifiante, qu'on préférerait *volontiers* leur brusquerie. — L'homme accorde *volontiers* aux autres les qualités qu'il n'estime guère.

⁸ La vie de l'homme *n'*est véritablement qu'un mélange de biens et de maux. — Aimez qu'on vous conseille et *non pas* qu'on vous loue. — Tous les hommes *ne* peuvent *pas* être grands, tous peuvent être bons. — Il *n'y a point* de vice qui *n'*ait une fausse ressemblance avec quelque vertu. — La bonté consiste en deux choses : à *ne point* faire de mal à ses semblables, et à leur faire tout le bien que l'on peut.

⁹ Le titre de bon est le premier des titres ; c'est celui qui honore *le plus* la Divinité; et l'homme reconnaissant le lui défère avant tout autre. — Vous avez eu beaucoup de peine, et je crains que par la suite vous n'en ayez encore *davantage*.

¹⁰ Le goût est *plutôt* un don de la nature qu'une acquisition de l'art. — Quoi qu'il arrive, écoutez *plutôt* la raison que la passion, suivez *plutôt* la vertu que le vice, vous n'aurez jamais à vous en repentir. — La passion n'est pas *plus tôt* satisfaite que le remords nous déchire.

¹¹ Rien de plus aisé que de se venger d'une offense ; rien d'*aussi* grand que de la pardonner : c'est la plus belle victoire qu'on puisse remporter sur soi-même. — La fortune est un enfant peu difficile en jouets; elle ballotte *aussi* bien l'homme obscur que les grands.

¹² Les passions, qui ont *tant* de force, cèdent toutes à l'ambition. — L'ambitieux est moins flatté de laisser *tant* d'hommes derrière lui, qu'il n'est fâché d'en voir qui le précédent. — *Autant* aimé qu'il était admiré de ses sujets, Louis XII obtint d'eux le titre le plus digne d'un bon roi, celui de Père-du-Peuple.

¹³ Il faut faire ce remède *tout de suite*, sans quoi il serait trop tard. — Ne faites point attendre le bienfait : c'est donner deux fois que de donner *tout de suite*. — Il faut faire défiler les troupes *de suite*, en se conformant à l'ordre qui nous a été donné.

¹⁴ La fortune est si légère qu'elle abandonne quelquefois *tout-à-coup* ceux même qu'elle a le plus favorisés. — La peur est une maladie qui se gagne *tout d'un coup*.

Nous cherchons inutilement tous les moyens pour nous procurer de la tranquillité. — L'homme croit aisément ce qu'il craint ou ce qu'il désire. — Ne jugeons promptement de personne, ni en bien ni en mal. — C'est être honteusement habile que de faire des dupes.

On commence par se faire une haute idée de son art, puis de sa supériorité dans cet art; et le grand danseur se croit un grand homme. — Il y a deux choses sur lesquelles les hommes n'entendent pas raillerie : premièrement l'amour-propre, ensuite leur bonheur.

Pour le matérialiste, il n'y a point d'ordre ici-bas; point d'espérance au-delà; tout est hasard, chaos, mort et néant. — L'univers est une sphère dont le centre est partout, et la circonférence nulle part.

La vertu et l'honneur peuvent s'étendre à l'infini ; on peut toujours en reculer les bornes, mais on ne les passe jamais. — Les hommes les plus durs et les plus pervers ont souvent dans la bouche les mots d'humanité et de morale. — L'hypocrite ne saurait feindre long-temps : un mot, un regard, un geste le trahit. — L'homme de bien oublie facilement le mal, mais il se rappelle toujours un bienfait. — La gaîté n'est jamais pure quand la conscience ne l'est pas.

Le mérite, les vertus même, doivent beaucoup à la modestie, qui en rehausse l'éclat. — Quel est l'homme qui n'ait pas une trop haute idée de lui, et une trop mince des autres ? — Parler beaucoup et bien, c'est le talent du bel esprit; parler beaucoup et mal, c'est le défaut du fat; parler peu et bien, c'est le caractère du sage.

L'aisance laborieuse corrompt moins les mœurs que l'oisive richesse. — La vérité ne fait pas autant de bien dans le monde que ses apparences y font de mal. — Il me semble que rien n'est plus propre à élever l'âme que la contemplation des merveilles de la nature. — Malheur à ceux qui estiment plus les richesses que la vertu : ils trouveront beaucoup d'amis, mais ils auront encore plus d'ennemis.

Le seul mot qui cimente un mariage; cela suffit pour une union formée par la nature et bénie par la religion.

Un honnête homme règle sa conduite, non sur celle des autres, mais sur l'honneur et le devoir. — Les femmes ne savent pas combien la douceur leur donnerait d'empire. — Ne faites point d'amis légèrement, et conservez ceux que vous avez faits. — Il n'y a que les sots et les ennuyeux qui aient besoin d'être riches. — Rien ne s'allie mieux à la vanité que la bassesse.

L'homme qui est le plus propre à remplir une place, et qui en est le plus digne, n'est pas toujours celui qui l'obtient. — Personne n'engage sa foi avec plus d'ostentation que celui qui la viole davantage.

Dieu se laisse plutôt fléchir par la vertu que par les offrandes. — Ceux qui nuisent à la réputation des autres, plutôt que de perdre un bon mot, méritent une peine infamante. — La modestie suppose le mérite, et le fait plus tôt remarquer.

Il n'y a point d'homme si vicieux qu'il ne possède quelque bonne qualité. — Il n'est rien que l'homme donne aussi libéralement que ses conseils. — Il est aussi facile de se tromper soi-même, qu'il est difficile de tromper les autres sans qu'ils s'en aperçoivent.

Je craignais que la vérité ne perçât le nuage qui m'entourait, et ne parvînt jusqu'à moi, tant était grande l'habitude que j'avais d'être flatté. — L'étude offre tant d'avantages, qu'on ne saurait s'y livrer avec trop d'ardeur. — Est-il rien qui aveugle autant l'homme que la vanité ?

Ces livres, ces médailles, ne sont pas de suite; mettez-les en ordre. — Nous remettons presque toujours au lendemain ce que nous devrions faire tout de suite, et la mort nous surprend sans que nous ayons pu effectuer notre promesse.

Admirons les coups de la fortune, qui relève tout-à-coup ceux qu'elle a abaissés. — Cet homme avait fait une brillante fortune ; il l'a perdue tout d'un coup.

VIII° ESPÈCE DE MOTS. — PRÉPOSITION.

I" leçon. — TABLEAU ANALYTIQUE.

PRÉPOSITION.

La *préposition* est un mot invariable qui sert à marquer les rapports que les mots ont entre eux. N'ayant par elle-même qu'un sens incomplet, elle est toujours suivie d'un autre mot qui en complète la signification : ce mot est appelé *régime de la préposition.*

Les prépositions formées d'un seul mot, comme *à, de, par,* etc., sont appelées *simples ;* les prépositions formées de plusieurs mots, comme *vis-à-vis de, à travers,* etc., sont appelées *composées.*

II° leçon. — DÉFINITIONS.

La *PRÉPOSITION* est un mot invariable, qui sert à marquer les rapports que les mots ont entre eux. Quand je dis : *Le fruit de l'arbre,* le mot *de,* qui est une préposition, marque le rapport qu'il y a entre *fruit* et *arbre.*

La préposition n'a par elle-même qu'un sens incomplet ; il faut qu'elle soit suivie d'un autre mot qui en complète la signification : ce mot est appelé régime de la préposition. Ainsi, dans *le fruit* de l'arbre, *aller* à Paris, *étudier* pour apprendre, *avoir confiance* en Dieu, les mots *arbre, Paris, apprendre, Dieu,* sont régimes des prépositions *de, à, pour, en.*

Il y a des prépositions *simples* et des prépositions *composées.*

Les prépositions *simples* sont celles qui sont formées d'un seul mot, comme *à, de, par, pour, sur, sous, en,* etc.

Les prépositions *composées* sont celles qui sont formées de plusieurs mots, comme *à travers, au travers, vis-à-vis de, à l'égard de, quant à, jusqu'à,* etc.

Il y a plusieurs espèces de prépositions qui servent à désigner le lieu, l'ordre, l'union, la séparation, l'opposition, le but, la cause, le moyen, etc.

Une même préposition s'emploie pour indiquer plusieurs rapports différents ; l'usage les fera connaître.

Prépositions les plus usitées :

À,	avec,	derrière,	environ,	moyennant,	pour,	suivant,
après,	chez,	dès,	excepté,	nonobstant,	proche,	sur,
attendu,	contre,	devant,	hormis,	outre,	sans,	touchant,
auprès,	dans,	durant,	hors,	par,	sauf,	vers,
autour,	de,	en outre,	jusque,	parmi,	selon,	voici,
avant,	depuis,	envers,	malgré,	pendant,	sous,	voilà, etc.

III° leçon. REMARQUES.

I. La préposition doit se répéter devant chaque mot qui est le régime de cette préposition. Exemple : *Toute réunion d'hommes est composée de bons, de médiocres, de mauvais.*

II. La préposition ne se répète pas devant les mots qui sont à peu près synonymes : *Il passe sa vie dans la mollesse et l'oisiveté.*

III. *Au travers* est toujours suivi de la préposition *de : Au travers de l'armée. A travers* n'en est pas suivi : *A travers l'armée.*

IV. *Par terre* s'emploie lorsque l'on parle d'un objet qui tient et touche à terre : *Cet homme, en courant, est tombé par terre. A terre* s'emploie lorsqu'il est question d'un objet qui est élevé au-dessus de la terre, sans y toucher : *Cet oiseau, en volant, est tombé à terre.*

V. Il ne faut pas confondre la préposition *près de,* qui signifie *sur le point de,* avec l'adjectif *prêt à,* qui signifie *disposé à : Combien de gens,* près de *quitter la vie, qui ne sont pas prêts à mourir! Trop souvent on est près d'agir, sans y être prêt!*

VI. *Vis-à-vis* signifie *en face ;* il est ordinairement suivi de la préposition *de,* excepté dans le style familier : *Quand Ptolémée fut vis-à-vis de César, il trembla.*

Il ne faut pas employer *vis-à-vis* pour *envers,* qui signifie *à l'égard de : Ingrat* envers *ses bienfaiteurs ;* et non ingrat vis-à-vis de *ses bienfaiteurs.*

VII. *Parmi* ne s'emploie qu'avec un pluriel indéfini ou avec un singulier collectif : *Parmi de grandes vertus, il y a souvent quelques défauts. Il se mêla* parmi le peuple, parmi *la foule.*

VIII. *Voici* sert à montrer, à désigner une chose qui est proche de celui qui parle : *Voici le livre dont on a parlé ;* voici *la maison en question.*

Voilà a la même signification à peu près que *voici ;* mais il sert à marquer une chose un peu éloignée de celui qui parle : *Voilà l'homme que vous me demandez.*

[1] *Prépositions qui expriment un rapport de lieu,* [2] *d'ordre,* [3] *d'union,* [4] *de séparation,* [5] *d'opposition,* [6] *de but,* [7] *de cause et de moyen.* — [8] *Prépositions ayant plusieurs régimes,* [9] *ayant pour régimes des mots à peu près synonymes.* — [10] *Au travers , à travers ;* [11] *près de , prêt à ;* [12] *parmi ;* [13] *voici, voilà.*

[1] La modération trouve toujours à glaner *dans* le champ du bonheur. — Le bienfaiteur grave son nom *dans* le cœur de celui qui reçoit le bienfait. — Les méchants servent à éprouver un petit nombre de justes qui se trouvent répandus *sur* la terre. — La vanité, l'esprit de domination , sont de tous les sexes, de tous les âges ; l'homme en met *jusque dans* la misère , *jusque dans* l'abjection , *jusque dans* le crime.

[2] Selon que l'on place les maximes de la vertu, *avant* ou *après* les leçons du vice, on recueille de la gloire ou de la honte, des plaisirs purs ou des remords. — Dans les grandes actions, il faut toujours songer à bien faire, et laisser venir la gloire *après* la vertu.

[3] L'oisiveté et l'amour excessif des plaisirs entraînent *avec* eux tous les vices. — On console ceux qui nous sont indifférents et on s'afflige *avec* un ami. — Les hommes faibles passent leur vie *entre* les fautes et le repentir.

[4] Les livres sont des conseillers muets qui instruisent et corrigent *sans* aigreur et *sans* flatterie. — *Excepté* le scélérat et le fou, chaque homme croit que la raison est ce qu'il pense, la vérité ce qu'il dit, la justice ce qu'il fait. — *Sans* expérience et *sans* réflexion, on reste dans une enfance perpétuelle. — L'honnêteté des manières , *sans* l'honnêteté des mœurs, n'est qu'une honnête hypocrisie.

[5] Il faut faire le bonheur du peuple, comme celui d'un enfant, *malgré* lui, tout en comptant sur son ingratitude, même sur sa haine. — Bien des personnes n'ont *contre* elles que leur langue.

[6] Un ecclésiastique n'a plus rien à faire avec le monde que *pour* l'instruire et l'édifier. — On peut être dur *envers* soi-même, et indulgent *envers* les autres. — La générosité consiste à se priver soi-même *pour* donner aux autres.

[7] La plupart des hommes ne sont ni *à* aimer, ni *à* haïr, mais *à* supporter. — C'est *par* la vertu qu'on chérit ses devoirs, et qu'on y tient sans effort. — Quoiqu'admirant la vertu, les méchants tiennent au vice *par* habitude et *par* intérêt. — L'homme juge le cœur *par* les paroles, et Dieu juge les paroles *par* le cœur. — Il n'y a de supériorité réelle que celle qui est donnée *par* le génie et la vertu.

[8] C'est *dans* l'organisation et *dans* le caractère de l'homme que se trouvent les principes du bonheur. — Pour avoir le véritable repos, il faut être en paix *avec* Dieu, *avec* les autres et *avec* soi-même.— Nous devons apprendre *à* subjuguer nos passions, *à* vaincre nos désirs et *à* supporter avec courage les plus cruelles disgrâces.

[9] Cette immortalité si vantée, et qu'un grand nombre d'hommes recherchent avec tant d'avidité, sera ensevelie *dans* les ruines et les débris de l'univers. — Tout est arrangé dans le monde *avec* une sagesse et une prévoyance infinie.

[10] Saint Louis porta ses armées redoutées *au travers* des mers et de l'Afrique. — Un grand cœur se fait jour *au travers* des périls. — Quelque soin qu'on prenne de couvrir ses passions par des apparences de piété et d'honneur, elles paraissent toujours *à travers* ces voiles. — Les femmes ne doivent rien voir qu'*à travers* le voile de la modestie.

[11] On ne connaît souvent l'importance d'une action, que quand on est *près de* l'exécuter. — Le malheureux est toujours bien *près* d'être réputé coupable. — La mort ne prend jamais le sage au dépourvu : il est toujours *prêt à* mourir. — Un soldat doit toujours être *prêt à* obéir.

[12] *Parmi* les peines et les afflictions de cette vie, il y en a peu dont nous ne puissions nous consoler, si nous portons nos regards *vers* le Ciel. — Il y a plus de blessés *parmi* les fuyards que *parmi* les braves.

[13] *Voici* trois choses que nous devons consulter dans toutes nos actions : le juste, l'honnête et l'utile. — *Voilà* les services que j'ai rendus à cet homme, et *voici* la récompense que j'en ai reçue.

Le sage est inébranlable : les tempêtes mugissent autour de lui sans pouvoir le troubler. — La victoire marche sous les drapeaux de l'équité. — L'affabilité, qui prend sa source dans l'humanité, n'est pas une de ces vertus superficielles qui ne résident que sur le visage. — Trop souvent nous fermons les yeux aux beautés que la nature répand autour de nous. — L'intérêt se confond chez l'homme avec l'instinct de sa conservation.

Les richesses ne sont désirables qu'après l'honneur et la santé. — L'ambitieux jette derrière lui ses jours l'un après l'autre, et les regarde comme perdus tant qu'il n'a pas atteint son but.

L'alliance qu'on fait avec les méchants ne saurait être durable. — La nature répand ses bienfaits avec une libérale économie ; usons-en avec la même sagesse. — Il n'y a point de liaison entre ces deux idées.

Le sage regarde sans envie ce qu'il ne peut souhaiter sans extravagance. — Ne dites jamais : cette raison est légère, je puis la commettre sans danger. — Les hommes honnêtes, sans religion, me font frémir avec leur vertu sans appui. — L'esprit sans jugement est dangereux. — Se placer au-dessus des lois, c'est se mettre hors de la loi.

Ayez le courage de n'être pas contre la raison, parce que la raison est contre vous. — Il faut étudier avec persévérance, malgré les difficultés qu'on éprouve. — Ce général n'a jamais voulu se battre qu'avec les ennemis de son pays.

Tous les hommes soupirent après le bonheur. — Puisque nous sommes nés pour souffrir, il faut se familiariser avec cette dure nécessité. — Il faut que les événements élèvent certains hommes pour faire briller leur mérite.

Les animaux semblent quelquefois plus sages de leur instinct, que certains hommes de leur raison. — Le jugement de l'homme est presque toujours faussé par l'intérêt. — Si l'on connaissait tout le charme de la vertu, on ne s'en éloignerait que par démence. — Il y a des braves par vertu, d'autres par amour de la gloire. — Si le corps se fortifie par des travaux modérés, c'est par de sages instructions que l'esprit se perfectionne.

La patrie a des droits sur vos talents, sur vos vertus et sur toutes vos actions. — Jamais enfant n'a eu, pour son père et pour sa mère, des attentions plus soutenues. — Rien ne contribue plus au bonheur des hommes, que le soin qu'on prend d'orner et de fortifier l'esprit et le cœur des jeunes gens , par de sages maximes et par de bons exemples.

Parmi les hommes qui passent leur vie dans l'oisiveté et la paresse, inutiles à la patrie et à eux-mêmes; les autres, dans le tumulte et l'agitation des occupations humaines. — Les flatteurs souhaitent tous les biens à ceux auprès de qui l'ambition les retient, excepté le bon sens et la prudence.

Heureuse l'âme qui, remontant à son origine, passe à travers les choses créées sans s'y arrêter !... Heureux le mortel qui peut découvrir la vérité à travers les voiles du mensonge dont la cupidité humaine la couvre ! — Le génie et la vertu marchent à travers les obstacles. — Ce soldat intrépide, qui venait de recevoir une balle au travers du corps, ne désespérait point de se battre encore pour son pays.

Le dégoût est bien près de la jouissance dans les plaisirs des sens. — Rien n'est si près de la bêtise que l'esprit sans raison. — Les armées étaient prêtes à en venir aux mains quand on proclama la paix. — Ces enfants étaient prêts à en venir aux mains, quand leur maître les retint par sa présence.

Vivre parmi des hommes qui n'ont pas de sentiments religieux, c'est vivre parmi des bêtes féroces. — Un seul mensonge mêlé parmi les vérités les fait, avec raison, suspecter toutes.

Faites du bien aux hommes, et vous serez béni ; voilà la vraie gloire. — Voici trois choses qu'on peut regarder comme les mobils des actions des hommes : l'intérêt, le plaisir et la gloire.

IX° ESPÈCE DE MOTS. — CONJONCTION.

I⁰ leçon. — TABLEAU ANALYTIQUE.

CONJONCTION.

La *conjonction* est un mot invariable qui sert à lier un mot à un autre mot, ou une phrase à une autre phrase.

Les conjonctions sont *simples* ou *composées*; elles sont *simples* quand elles sont formées d'un seul mot, comme *et*, *que*, *aussi*, etc.; elles sont *composées* quand elles sont formées de plusieurs mots, comme *ainsi que*, *dès que*, *aussitôt que*, etc.

II° leçon. — DÉFINITIONS.

La *CONJONCTION* est un mot invariable qui sert à lier un mot à un autre mot, ou une phrase à une autre phrase. Quand je dis : *Vous serez estimé*, *si vous êtes sage* ; le mot *si* est une conjonction qui lie la première partie de phrase *vous serez estimé*, avec la seconde *vous êtes sage*. *Je crois que vous êtes juste. On ne doit pas juger d'un homme par ses grandes qualités*, mais par *l'usage qu'il en sait faire*. Les mots *que* et *mais* sont également des conjonctions.

Les conjonctions sont *simples* quand elles sont formées d'un seul mot : *et*, *que*, *ni*, *aussi*. Elles sont *composées* quand elles sont formées de plusieurs mots : *pendant que*, *jusqu'à ce que*, *pour que*, *par conséquent*.

Les conjonctions forment plusieurs classes. Elles sont employées pour unir deux mots ou deux phrases; pour exprimer une opposition entre ce qui précède et ce qui suit; pour marquer une distinction ou une séparation; pour expliquer et faire comprendre plus facilement ce qui a été dit dans la phrase précédente; pour lier deux membres de phrase dont l'un dépend de l'autre; pour marquer une condition; pour expliquer une cause, un motif; pour marquer le passage d'une chose à une autre; pour lier deux parties de phrase dont la seconde détermine la première. L'usage fera connaître les différentes manières d'employer les conjonctions.

Conjonctions les plus en usage.

Ainsi,	comme,	et,	or,	pourquoi,	quoique,	soit,
aussi,	dès que,	lorsque,	ou,	pourtant,	savoir,	supposé que,
car,	donc,	mais,	parce que,	puisque,	selon que,	tandis que,
cependant,	en effet,	néanmoins,	par conséquent,	quand,	si,	toutefois,
c'est-à-dire,	enfin,	ni,	pendant que,	que,	sinon,	vu que, etc.

III° leçon. — REMARQUES.

I. Les adverbes *plus*, *mieux*, *moins*, *autant*, placés au commencement de plusieurs membres de phrase, empêchent que ces membres de phrase ne soient unis par la conjonction *et* : Plus on *a* d'argent, plus on a de pouvoir; moins on use de l'un, plus on abuse de l'autre.

II. *Parce que* (en deux mots) est une conjonction qui signifie *attendu que* : Je le veux bien, parce que cela est juste. *Par ce que* (en trois mots) signifie *par la chose que* : Je vois, par ce que vous me dites, que cette chose est utile.

III. *Quoique* (en un mot) signifie *bien que* : Quoique peu riche, il est généreux. *Quoi que* (en deux mots) signifie *quelque chose que* : Quoi qu'il en arrive ; quoi que vous disiez.

IV. *Quand*, conjonction, signifie *lorsque* : Une femme est toujours belle, quand elle est bonne. *Quant* est une préposition qui signifie *à l'égard de* ; elle est toujours suivie de la préposition *à* : Quant à vous ; quant à moi.

V. *A cause que*, *devant que*, *durant que*, *malgré que*, ont vieilli et ne s'emploient plus.

VI. La conjonction *que* est souvent employée. *Que* est conjonction lorsqu'il ne peut pas se tourner par *lequel*, *laquelle*.

¹ Conjonctions pour unir deux mots ou deux phrases ; ² pour marquer une opposition , ³ une séparation , ⁴ une explication , ⁵ une circonstance , ⁶ une condition , ⁷ une cause , un motif ; ⁸ le passage d'une chose à une autre qui en dépend ; ⁹ pour lier deux parties de phrase, dont la seconde détermine la première ; ¹⁰ parce que , par ce que ; ¹¹ quoique , quoi que ; ¹² quand , quant.

¹ Le travail *et* le courage, joints ensemble *et* long-temps soutenus, font surmonter tous les obstacles. — Les enfants n'ont *ni* passé, *ni* avenir, *et*, ce qui ne nous arrive guère, ils jouissent du présent. — La religion n'abat *ni* n'amollit le cœur ; elle l'ennoblit *et* l'élève. — Un sage a dit que l'instruction est un trésor, *et* que le travail en est la clef.

² La bassesse est quelquefois le chemin de la fortune, *mais* on n'y rencontre jamais l'estime. — Le peuple est brutal, *mais* bon ; les grands sont polis, *mais* durs. — On est quelquefois sot avec de l'esprit, *mais* jamais avec du jugement. — L'amitié donne le droit de contredire : *cependant* elle ne donne pas celui d'offenser par la contradiction.

³ La paresse *ou* l'inconstance fait perdre le prix des meilleurs commencements. — Dans la décision la plus importante de la vie, *tandis que* n'imposez pas le oui *ou* le non , laissez à l'homme sa liberté. — Presque tous les enfants , *soit* étourdis, *soit* bruyants, *soit* légers, deviennent des hommes médiocres.

⁴ La Grammaire, *c'est-à-dire* l'art de bien parler, est fort utile. — Les plantes composent trois grandes familles , *savoir* : les herbes, les arbrisseaux et les arbres.

⁵ Nous admirons souvent dans un homme ses moindres qualités, *tandis que* nous ne faisons pas attention à celles qui sont vraiment dignes de notre estime. — Nous oublions aisément nos fautes, *lorsqu'*elles ne sont connues que de nous. — *Dès que* l'homme s'imagine que la vie est le souverain bien, il dégrade son âme. — Que ne peuvent le courage et la force , *quand* ils sont aidés par la sagesse !

⁶ La morale est impuissante, *si* elle n'ajoute à ses maximes la sanction de la religion. — On ne peut être juste, *si* l'on n'est humain. — On doit se consoler de vieillir, *pourvu qu'*on possède une âme saine dans un corps sain. — Nous nous épargnerions bien des regrets , *si* nous savions modérer nos passions.

⁷ Les hommes ne sont méchants que *parce qu'*ils ignorent l'intérêt qu'ils ont d'être bons. — Il faut user de tout avec modération, *de peur que* la privation n'en soit trop sensible. — *Puisque* aider ses semblables est un devoir, *pourquoi* les riches sont-ils si souvent sourds à la voix de l'infortune ? — Ne faites rien dans le moment de la colère ; *car* vous vous embarqueriez au milieu d'une tempête.

⁸ L'esprit de l'homme est bien léger ; *en effet*, le moindre obstacle le détourne de sa route, un souffle change ses pensées. — La vertu est le premier des biens ; *donc* c'est d'elle seule que nous devons attendre le bonheur.

⁹ L'homme qui n'aime *que* lui, ne hait rien tant *que* d'être seul avec lui-même. — Rien n'approche plus un mortel de la Divinité, *que* la bienfaisance. — Il n'y a pas d'association plus commune *que* celle du faste et de la lésine. — La religion ne veut pas *qu'*on regarde d'un œil d'envie la prospérité de ses semblables.

¹⁰ Les hommes ne sont inconséquents dans leurs actions, que *parce qu'*ils sont inconstants dans leurs principes. — Il nous est difficile de nous connaître, *parce que* nous ne sommes presque jamais semblables à nous-mêmes. — La vertu obscure est souvent méprisée, *parce que* rien ne la relève aux yeux des hommes. — Le pauvre juge du riche *par ce qu'*il en reçoit. — Il m'a inspiré une grande confiance, *par ce qu'*il m'a dit.

¹¹ *Quoique* accoutumés aux merveilles de la nature, nous ne saurions nous empêcher de les admirer. — *Quoique* les douceurs de la vie soient souvent le fruit des arts, elles ne sont pas toujours le partage des artistes. — Le méchant, *quoi qu'*il fasse, ne pourra être heureux.

¹² Les yeux ne voient rien, *quand* l'esprit ou le cœur ne voit point avec eux. — Les mêmes manières qui siéent bien, *quand* elles sont naturelles, rendent ridicule, lorsqu'elles sont affectées. — *Quant* à la fortune, elle est comme le verre, brillante et fragile.

La richesse et le luxe donnent naissance à la mollesse et à l'oisiveté, et les nourrissent. — Qui ne sait être ni père , ni mari, ni fils, ni ami, n'est pas homme de bien. — Ni le temps, ni le malheur, ne doivent effacer de notre cœur le souvenir d'un ami. — Il faut laisser aux envieux le droit de dire des injures , et aux sots celui d'y répondre.

Le crime est quelquefois impuni , mais jamais tranquille. — On adorait la liberté, cependant on était entouré de tyrans. — Toujours l'espérance nous trompe ; toutefois nous la croyons toujours. — Dire d'où je viens, ce que je suis, où je vais, est au-dessus de mes idées ; pourtant tout cela est.

Soit modestie ou vanité, il est rare que nous nous apprécions bien nous-mêmes. — Les bonnes ou les mauvaises conversations forment ou gâtent l'esprit. — Choisis pour ton ami l'homme que tu connais pour le plus vertueux ; et ne résiste pas soit à la douceur de ses conseils, soit à la force de ses exemples.

Les limites des sciences sont comme l'horizon, c'est-à-dire que plus on en approche et plus elles reculent. — Il y a trois genres d'éloquence, savoir : celle de la tribune, celle du barreau et celle de la chaire.

Il semble que nous agrandissions notre être, lorsque nous espérons vivre dans la mémoire des autres. — Nous n'aimions pas à recevoir des avis, quand ils blessent notre amour-propre. — Il n'y a rien de petit dès que le génie s'en empare. — On est tout réconcilié avec l'indigence, quand on a vu de près les misères de la grandeur. — Des secours sont payés bien cher, lorsqu'il faut qu'on les mendie.

L'ennui finira par vous gagner, à moins que vous ne variiez vos occupations et vos amusements. — La vie serait bien courte, si l'espérance n'en prolongeait la durée. — Les belles et mémorables actions ne peuvent illustrer, si elles n'ont pas la vertu pour cause.

Si les hommes entendaient bien leurs intérêts, ils ne commettraient pas de mauvaises actions, parce que le chagrin ou le remords les suit toujours de près. — Ne demandons pas à un ami des choses indignes de l'honneur, car un ami est un autre nous-même. — L'agriculture et le commerce sont également utiles dans un état ; car l'une nourrit les habitants, et l'autre les enrichit.

Dieu nous a confié un poste sur la terre ; par conséquent il ne nous est permis d'en sortir que lorsqu'il nous rappelle à lui. — Les arrogants sont bien près de la lâcheté ; en effet , une piqûre de la satire ou de la douleur les rend aussi plats qu'ils étaient insolents.

J'avais cru que l'on pouvait être vertueux sans religion ; l'expérience m'a détrompé. — Il n'y a que la vérité qui soit durable, et même éternelle. — Un véritable ami ne loue en nous que ce qui mérite d'être loué. — La religion veut que nous n'employions que les bienfaits pour nous venger de nos ennemis.

L'homme vertueux ne s'autorise pas des occasions pour agir contre son devoir, parce que les occasions ne changent rien aux règles. — Rien ne peut enfler ni éblouir les grandes âmes, parce que rien n'est plus haut qu'elles. — Par ce qu'il a fait pour la gloire et la prospérité de son royaume, on jugera toujours que Henri IV a été le père de ses sujets. — Il ne faut pas juger d'un homme par ce qu'il ignore, mais par ce qu'il sait.

Quoiqu'il n'y ait rien de si naturel à l'homme que d'aimer la vérité, il n'y a rien qu'il cherche moins à connaître. — Quoi que vous étudiiez, il faut vous y livrer avec ardeur.

Quand d'honnêtes gens sont dans le besoin, c'est le moment de faire provision d'amis. — Il faut s'accommoder aux choses, quand les choses ne s'accommodent point avec nous. — Quant au charlatanisme, il n'attrape que l'ignorance ou la sottise.

X· ESPÈCE DE MOTS. — INTERJECTION.

INTERJECTION.

L'interjection est un mot invariable qui sert à exprimer un sentiment de l'âme, comme la joie, la douleur, la surprise, l'admiration, etc. : Ha! hélas! ah! hola!

L'INTERJECTION est un mot invariable dont on se sert pour marquer la joie, la crainte, la douleur, la haine, la surprise, le désir, l'admiration, et les autres mouvements soudains de l'âme qu'une phrase ne pourrait exprimer.

Il y a des interjections pour exprimer les différentes passions.

Ah, bon! expriment la joie : Ah ! que vous me faites plaisir !

Aie ! ah ! hélas ! expriment la douleur : Hélas ! ayez pitié de moi !

Ha ! hé ! expriment la crainte : Ha ! que ce malheur n'arrive pas !

Fi ! fi donc ! expriment l'aversion : Fi ! de la bonne chère, quand il y a de la contrainte !

Ha! ho ! expriment la surprise : Ha! vous voilà ! ho ! que vous êtes méchant !

Oh! ah! expriment l'admiration : Oh ! que la nature est belle au printemps !

Ça! allons! courage ! servent à encourager : Ça ! étudions ! courage, mes enfants !

Gare! hola ! hé ! hem ! servent pour appeler ou avertir : Hola! hé ! venez ici !

Chut! paix ! servent pour imposer silence : Chut ! taisez-vous !

Hé bien ! servent pour interroger : Hé bien ! que me direz-vous ?

III.ᵉ leçon. --- **EXERCICES SUR L'INTERJECTION.**

¹ Interjections qui expriment la joie, ² la douleur, ³ la crainte, ⁴ l'aversion, ⁵ la surprise, ⁶ l'admiration ; ⁷ pour encourager ; ⁸ pour appeler ou avertir ; ⁹ pour imposer silence ; ¹⁰ pour interroger.

¹ *Ah!* qu'il est doux de jouir du fruit de ses travaux, après une longue et pénible carrière !

² *Ah!* malheureux père ! *ah!* déplorable évènement ! quelle horrible épouvante a frappé mon âme ! — *Hélas !* mes enfants, une grande tristesse s'est emparée de mon âme, et mon cœur déchiré se refuse à toute consolation !

³ *Ah !* je crains bien que les mauvais exemples que vous lui donnez ne lui fassent commettre de grandes fautes !

⁴ Cette exclamation *ah bah!* désespère l'homme de sens et l'homme sensible.

⁵ *Ha !* que vous savez mal vous défendre, pour un homme de cour, et qui doit être accoutumé à ces sortes de choses !

⁶ *Ho !* effet admirable ! la religion chrétienne, qui ne semble avoir d'objet que la félicité de l'autre vie, fait encore notre bonheur dans celle-ci ! — *Oh !* que la joie de faire du bien à ses semblables est douce !

⁷ *Allons !* travaillons sans relâche, et nous serons récompensés de nos peines.

⁸ Tout homme qui crie : « *Hola !* suivez-moi, je vais vous conduire au bonheur ! » entraîne après lui la multitude.

⁹ *Mon Dieu !* tout doux ; vous allez d'abord aux invectives ! Est-ce que nous ne pouvons raisonner ensemble sans nous emporter ? — *Chut !* sachez que la raillerie est toujours indécente.

¹⁰ *Hé bien !* croyez-vous que le coupable dorme tranquille, et qu'il puisse étouffer les remords dont il est déchiré ?

Embrasse-moi aussi, ma fille. *Las !* je pleure de joie, et reconnais mon sang aux choses que tu viens de faire.

Ah ! je frémis de cette idée ; un frissonnement général, une sueur froide, me saisissent ! — *Hélas!* l'horreur du supplice ne détourne pas toujours le méchant du crime !

Les récompenses et les peines de l'autre vie !.....; *ah !* c'est là ce qui console, ce qui effraie !

Fi, du plaisir que la crainte peut corrompre !

Ha ! que j'ai été agréablement surpris en apprenant cette nouvelle. — *Ouais !* je joue ici un plaisant personnage !

Ho ! que la beauté a de charmes, lorsqu'elle est unie à la sagesse ! — *Oh !* qu'elle est belle aux yeux du Ciel la douleur qui s'oublie pour calmer la douleur d'un autre !

Courage ! camarades, redoublez d'activité, nous surmonterons tous les obstacles.

Oh ça ! je m'en vais vous faire voir quelque chose de curieux.

Paix ! il n'y a qu'un sot qui puisse se vanter comme vous le faites. — *Chut !* évitons d'élever la voix ; nous nous trahirions nous-mêmes.

Hé ! hé ! messieurs, qu'est-ce ceci ? à quoi songez-vous ?

PONCTUATION.

La ponctuation consiste à placer à propos, dans l'écriture, des signes reçus, destinés à marquer les endroits où l'on doit s'arrêter plus ou moins long-temps.

Les signes de la ponctuation sont la virgule, le point-virgule, les deux points, le point, le point d'interrogation et le point d'exclamation.

La *virgule* (,) marque une très-petite pause; elle se place : 1° entre les substantifs, les adjectifs, les verbes et les adverbes qui se suivent. Exemples :

La richesse, le plaisir, la santé, deviennent des maux pour qui ne sait pas en user. — La sagesse, l'esprit, l'honneur et la raison, sont des qualités rarement réunies. — Le faux talent est hardi, effronté, souple, adroit et jamais rebuté. — Sans la bonté, l'homme est un être inquiet, misérable, funeste à la terre et à lui-même. — Boire, manger, jouer, dormir, c'est l'occupation des paresseux. — Les voilà comme deux bêtes cruelles qui cherchent à se déchirer; le feu brille dans leurs yeux, ils se raccourcissent, ils s'allongent, ils se baissent, ils se relèvent, ils s'élancent, ils sont altérés de sang. — Pour devenir savant, il faut étudier constamment, méthodiquement, avec goût et avec application.

2° La virgule est encore employée pour distinguer les différentes parties d'une phrase. Exemples :

L'étude rend savant, la réflexion rend sage. — Les bons et les méchants poursuivent également le bonheur, les premiers seuls l'atteignent.

3° On emploie aussi la virgule avant et après un mot, ou une réunion de mots, que l'on peut retrancher sans dénaturer le sens de la phrase. Exemples :

Celui qui néglige d'apprendre, dit le sage, tombera dans le mal. — L'orgueil, au lieu d'élever l'âme, la rabaisse à d'inconcevables petitesses.

Le *point-virgule* (;) marque une pause un peu plus longue que la virgule; on le place entre deux phrases, dont l'une dépend de l'autre. Exemples :

La mort nous est aussi nécessaire que le sommeil ; par elle nous nous réveillerons plus frais le lendemain. — L'homme est né pour agir ; l'inaction est une mort anticipée. — L'aumône est la prière par excellence ; elle atteint toujours un but.

Les *deux points* (:) s'emploient : 1° après un membre de phrase qui annonce une citation. Exemples :

Dieu dit : Que la lumière soit, et la lumière fut. — Un célèbre moraliste dit: Le bonheur n'est que dans l'innocence.

2° Ils s'emploient aussi à la fin d'une phrase, suivie d'une autre qui sert à l'étendre ou à l'éclaircir. Exemples :

Les ressources de la vertu sont infinies : plus on en fait usage, plus elles se multiplient. — L'ignorance et la folie croient savoir tout : l'une et l'autre sont orgueilleuses ; le véritable mérite seul est modeste. — Bannissez les médisants : présents, ils vous amusent; absents, ils s'amuseront de vous.

Le *point* (.) se met à la fin d'une phrase quand le sens en est complet. Exemples :

On peut juger du peu de cas que Dieu fait des richesses par leur distribution. — Les femmes ne peuvent imaginer de parure qui les embellisse autant que la vertu. — Gardez-vous d'égaler la richesse au mérite, le bel esprit à la raison. — La candeur est le plus bel ornement des femmes.

Le *point d'interrogation* (?) s'emploie à la fin d'une phrase où l'on interroge. Exemples :

S'il est ordinaire d'être vivement touché des choses rares, pourquoi le sommes-nous si peu de la vertu ? — Quel spectacle est préférable à celui des heureux qu'on a faits ? — Où est l'homme, où est le sage qui sait agir, souffrir et mourir, sans faiblesse et sans ostentation ?

Le *point d'exclamation* (!) s'emploie à la fin d'une phrase qui exprime la surprise, l'admiration, la terreur ou toute autre émotion. Exemples :

Ah ! comment s'est éclipsée tant de gloire !..... comment se sont anéantis tant de travaux !..... Ainsi donc périssent les ouvrages des hommes ! ainsi s'évanouissent les empires et les nations ! — Ah ! ce qui paraît grand aux mortels éblouis est bien petit aux yeux du sage !

FIN.

www.ingramcontent.com/pod-product-compliance
Lightning Source LLC
Chambersburg PA
CBHW060817280326

41934CB00010B/2733